EDITORA EDUCACIÓN
EMERGENTE

#LiberaTuLectura

LA PIEDRA ES UNA SOMBRA QUE DA VIDA

PROSA SELECTA (2017-2022)

BEATRIZ LLENÍN FIGUEROA

2023

© Beatriz Llenín Figueroa
© Editora Educación Emergente, 2023-2033

Edición y maquetación: Lissette Rolón Collazo
Diseño de cubierta: Nelson Vargas Vega
Foto de autora: Teresa Hernández
Fotos de portada e interior: Beatriz Llenín Figueroa

Serie: *Crónica otra*

ISBN-13: 978-1-7923-9216-0

Editora Educación Emergente, Inc.
Alturas de Joyuda #6020
C/Stephanie
Cabo Rojo, PR 00623-8907
editora@editoraemergente.com
www.editoraemergente.com

Impreso a la demanda en INGRAM

Las regalías que se deriven de la venta de este libro se donarán de manera íntegra a Vínculo Animal PR –organización activista en defensa de la libertad y dignidad animal–, así como al santuario de animales San Francisco de Asís, ubicado en Cabo Rojo, Puerto Rico.

EDITORA EDUCACIÓN
EMERGENTE

#LiberaTuLectura

Tabla de contenido

a Andre, extrañándolo

a los animales que no llamamos *homo* ni *sapiens*,
pidiéndoles perdón

a la Confederación Antillana, anhelándola

columpio uno

ACERCADA Y AGRADECIDA: NOTA DE LA AUTORA

El perímetro de un territorio insular –que es cualquiera, pues el mar todo lo rodea–, constituye un cerco, según dicen.

Cuando me acerco al litoral noto que se expande, deviniendo otrayotrayotra cosa como versos sin puntuación. ¿Dónde la tierra, dónde el agua, dónde acaso la distinción?

Se crea con la violencia de un volcán escupiendo islas tanto como con la gentileza de las aguas limando piedras. Desconocido el origen y el término. Emanación, imantación, vibración. Palpitación, trabazón, mutación.

Acercarse abole el cerco.

Quiero escribir acerca de acercarme. Acercada.

*

Mientras se lee lo que sigue, conviene recordar su tiempo y su lugar: noviembre de 2017 a diciembre de 2022 en Puerto Rico. Se publicaron versiones previas de la mayoría de los textos en la sección "Será otra cosa" del suplemento *En rojo* en el semanario *Claridad*, espacio que comparto y cultivo con compañeras escritoras y lectoras que respeto y aprecio. Les extiendo mi gratitud. Las siguientes piezas se publicaron, además, en nuestro volumen conjunto *Será otra cosa* (EEE, 2023): "Volé a Aruba y aterricé, casi, en Puerto Rico," "Ruiz Torres," "Xena del desierto, la quinceañera," "La gata, la playa, la dignidad," "Allí amamos salvajemente," "Piedra y playa, cueva y concha," "Nuestra más honda afinidad, antes y ahora, es la tristeza," "Un perro, la vida" y "Las noches y los días del dios fontanero."

Por su parte, el texto "La bienvenida despedida" se publicó, además de en *Claridad*, en el libro *Al final de la fila: escritos sobre docencias desplazadas en la UPR* (APPU, 2021), coordinado por María del Mar Rosa Rodríguez y Alexis Rodríguez Ramos, compañerxs sin plaza de la UPR. "Cambiarlo todo es lento" se publicó originalmente en la revista *Cruce* (1 de febrero de 2020), mientras que "Tirar pal monte" apareció primero en la *Revista del Instituto de Cultura Puertorriqueña* (cuarta serie, núm. 2, 2023). Las siguientes piezas se difundieron antes en mi bitácora digital, *caminoescrituras*: "Pieles debajo," "Ismo y la artista," "Garzas," "Aire y agua," "Pero no," "Las aves de los torpes, breves vuelos," "Los pulgares de la abuela" y "Días y días y meses y meses y años y años después, aún."

Mis animales cercanas, íntimas, humanas y no humanas, me ayudan a vivir como exige el azar histórico y geográfico que nos tocó: con el corazón roto y, a la vez, en dignidad y plenitud. Gracias a ustedes, que saben quiénes son. Mención aparte amerita Lissette, a quien agradezco tantas cosas, de entre las que sólo consigno aquí su densa y sencilla certeza de que la práctica y el hecho de mi escritura valen la pena.

una isla

crema de agua

HAMBRE DE LUZ

noviembre 2017

La física habla de la luz –la luz de los astros, quiero decir– como lo haría del tiempo: tan inescrutable como omnisciente. No se la ve, pero nos permite ver. Toca nuestras retinas aquí, pero no está aquí, mostrándonos algo allá. El momento en el que ese algo –todo lo que vemos– alcanza nuestros ojos, ya representa el pasado, siempre, pues a la velocidad de la luz no viaja nada, ni siquiera el capitalismo.

Muy distinta es la historia de la electricidad como fuente de luz. Como tantos productos del ingenio humano, fue velozmente secuestrada a partes iguales por el afán de control y vigilancia y por el capital. Susana Oliveira, estudiosa del fin de las fuentes de luz autónomas y del desarrollo de la electricidad en Europa occidental y Estados Unidos como parte de la industrialización capitalista del siglo XIX, escribe:

> Bajo esta lógica de la luz como visión, de la fuente de luz como un ojo, se crearon aparatos espectaculares [las famosas "torres de sol"], . . . que aún perviven en las descripciones literarias, en la iluminación de escenarios y en las puestas en escena cinematográficas sobre pesadillas de acoso, totalitarismos futuristas, vigilancias en prisión, invasiones de extraterrestres, interrogatorios policiacos . . .

> Fue precisamente por el argumento de la seguridad que la
> luz se volvió un potente mecanismo de vigilancia.[1]

Con ello, concluye Oliveira, se invirtió el principio de la vida humana que, hasta ese momento, dictaba que era más importante ver que ser visto. Así, a partir del siglo XIX, quien controle la fuente de luz, controla la humanidad, en tanto la identifica, la vigila y la castiga.

Wolfgang Schivelbusch, por su parte, señala que,

> la transformación de la libre competencia en el capitalismo monopolista corporativo confirmó en términos económicos lo que la electrificación había anticipado en términos técnicos: el fin de la iniciativa individual y de una fuente de energía autónoma. Es bien sabido que la industria eléctrica fue un factor significativo en provocar ese cambio. Hay una analogía entre la energía eléctrica y el capitalismo financiero. La concentración y centralización de la energía en estaciones eléctricas de alta capacidad corresponde a la concentración de poder económico en los grandes bancos.[2]

Así, a partir del siglo XIX, controlar la fuente de luz y, por tanto, controlar la humanidad, se volvió también un negociazo multimillonario, enajenado de sus usuaries.

En Puerto Rico, a más de la cuarentena desde el huracán, seguimos sin energía eléctrica. Aquí, de la electricidad hablamos

---

[1] Susana Oliveira, "New Light and Old Shadows: Industrial Illumination and Its *Imaginaire*." En *Elective Affinities: Testing Word and Image Relationships*. Eds. Catriona McLeod, Veronique Plesch y Charlotte Schoell-Glass. (Amsterdam: Rodopi, 2009, 243-260). Mi traducción.

[2] Wolfgang Schivelbusch, *Disenchanted Night: The Industrialization of Light in the Nineteenth Century*. Trad. Angela Davies. (Berkeley: The U of California P, 1995 [1983]). Mi traducción.

como "la luz." Y de "la luz" hablamos como de una persona. Se fue la luz. ¡Llegó la luz! A mí no me ha llegado, ¿y a ti? ¿Cuándo volverá? Tenemos tanta hambre de luz como de poder estar juntitas, sin desgarrarnos al despedirnos de alguien amada porque se tiene que ir, como refugiada no reconocida del cambio climático. Nuestro lamento borincano. ¿Cuándo volverá?

Para el capital colonial –queda hoy más claro que nunca–, la mayoría de nuestros cuerpos, nuestras historias, nuestros sueños, no importa. Mientras tanto, las corporaciones privadas (y las fantasmagóricamente "públicas") siguen desangrándonos, y son ellos, allá, en transacciones inconcebibles, quienes deciden cómo y cuándo y, sobre todo, cuánto nos costará el regreso de la electricidad. Pero es ahora, cuando se les hace más difícil vigilar y castigar porque *tampoco* tienen luz, que debemos tomar, comunal y autónomamente, los medios alternos de luz. Para ello, contamos ya con el empuje y la creatividad comunitaria, así como con brillantes ingenieras y científicos, pues sabemos que, si no fuera por la autogestión comunitaria –esto, el reverso del poder, también queda hoy más claro que nunca antes–, no habría país.[3] Para ello, nos alumbra –y en extrema abundancia– la mera luz digna de ese nombre: un sol que no nos ha abandonado nunca.

---

[3] Me refiero –de manera protagónica mas no exclusiva– a la gestión de Casa Pueblo en Adjuntas y de IDEBAJO en Salinas, así como a las imprescindibles figuras de Faustina 'Tinti' Deyá, Alexis Massol González, Arturo Massol Deyá y Ruth 'Tata' Santiago.

Títeres, sin querer queriendo

diciembre 2017

Se sabe que, durante más de medio siglo, el "progreso" al estilo gringo ha venido expulsando la vida de los cascos de los pueblos en Puerto Rico. Se sabe también que los últimos son tan criaturas coloniales como lo son las autopistas y los *malls*, pero que ambos diseños del espacio responden a distintas premisas históricas y socioeconómicas. En Mayagüez, el "desarrollo" del siglo XX partió por el medio, literalmente, los focos económicos de la costa y del pueblo, según concebidos por el imperio español. Cada vez que transitamos por la número 2 y cruzamos el viaducto de Mayagüez, viajamos por una herida que aún sangra: el corte neocolonial de las viejas premisas peninsulares. Podría decirse que es como cruzar el Atlántico. Como sé que ambas disposiciones espaciales y, por tanto, vitales, son impuestas por poderes carniceros, nunca he deplorado como tragedia nacional el abandono de los cascos de los pueblos, del mismo modo que nunca he lamentado como pérdidas desgarradoras de la nación las transformaciones del español boricua y la multiplicidad de usos del inglés. A mucha gente en Puerto Rico le encanta olvidar que ambos idiomas han sido, igualmente, imposiciones genocidas.

Dicho lo anterior, tampoco puede ignorarse que el modo en que están concebidos los pueblos en nuestro país promueve el encuentro interhumano e interespecie mucho más de lo que lo hacen las vías "principales." Las últimas se abocan a la atomización al interior de ventanillas-fronteras, aires acondicionados y centros comerciales. La número 2 separa y vulnera la vida; hace casi imposible el contacto. Todas las especies arriesgamos la vida al intentar caminar por, a través de, junto a, la carretera "principal." Hay una cantidad infinitamente mayor de perros muertos en las vías principales que en las calles de los pueblos. En la número 2, no se puede acariciar a una perra, ponerle un envase con agua o intentar espantarle su afán de acompañarnos. En el pueblo, eso aún es posible. Pese a haber sido tomados por el carro también, en los pueblos de Puerto Rico todavía se admiten las caminatas y se propician los contactos.

Es posible que se me riposte que, sin importar la disposición del espacio o el esfuerzo percibido de habitarlo de uno u otro modo, la especie humana, sea en la número 2 o en el pueblo, en la ciudad o en el campo, no es más que un títere del capital y, en casos como el nuestro, de la colonia. Es pesada la carga histórica de esa metáfora: a las marionetas se las ha despreciado hasta la saciedad. A mí, por el contrario, no me preocupa concebirme títere; hasta de la estructura genética o de la evolución biológica podemos ser marionetas. Además, quien ha experimentado una buena manifestación de la milenaria tradición escénica de donde proviene la metáfora que nos ocupa, sabe bien de su extraordinario poder de conmoción y transformación. La pregunta, como de costumbre, será la de la aspiración: ¿qué títeres anhelamos ser?

Quienes nos acercamos a Taller Libertá, espacio principalmente gestionado por Vueltabajo Teatro y ubicado en la calle Pablo Casals (antigua calle Libertad) número 66 en Mayagüez, para su inauguración como taller en las noches del

14 y 15 de diciembre, encontramos en la *Titeretada 2017* nuestro espejo, en el que nos deslumbramos al trasluz de la belleza y del amor.[4] Producto de la colaboración comunitaria y entre los colectivos artísticos participantes (Vueltabajo, Deborah Hunt/ MaskhuntMotions, Casa Múcaro, Papel Machete, ...Y no había luz), el Taller Libertá, que comparte calle con la Plaza del Mercado de Mayagüez, se volvió —bajo luces bajas, amplias cortinas negras, bancos hechos de paneles y antiguas cajas de leche—, zona de encuentro, riesgo y creación. Allí, fuimos títeres con la posibilidad de abrazarnos y despeinarnos; rompernos las extremidades, recogerlas y recomponerlas; entrar a una barra y reconfortarnos en la compañía cuerpo a cuerpo; subir unas escaleras con las que nos topamos al azar y encontrar allá arriba otra forma de vida (un baile, una escena, un amor); mirar a través de las vitrinas y entrar a tocar lo que tras ellas se esconde; detener el tiempo para admirar un pedazo de belleza que se impone, a pesar de todo.

No creo exagerar si califico la *Titeretada* como sesión de sanación colectiva por la catástrofe que los poderes capitalistas-coloniales han producido tras el paso de María. Al verme, al vernos, al ver el país, en títeres y máscaras que se desmiembran y se remiendan, que se cosen los ojos para no ver, que cantan al poder del hacha y del machete que abren caminos, que convierten cajas de *priority mail* en aves soñadoras, lloré un largo y profundo llanto, el que no he podido llorar desde septiembre porque hay que seguir, seguir, seguir. También reí con sonoridad libre de culpa la sátira de nuestra estupidez y, sobre todo, la burla de la maldad sin proporción de quienes mandan y deciden.

---

[4] La gesta continúa. En abril de 2022, Taller Libertá celebró en grande sus cinco años de maravillosa existencia.

Al interior del Taller Libertá, que ha sido, y sigue siendo, centro de acopio y distribución de la Brigada Solidaria del Oeste pos María, otro país no sólo se volvió posible, sino que se hizo. En lo sucesivo, y con el apoyo decidido de los títeres libres que anhelamos ser, al interior del Taller Libertá otro país no sólo se volverá posible, sino que se hará. Allí construiremos el país como se construyen los países... y los títeres: a muchas manos, juntas, a veces siendo guiadas y a veces guiando, con ternura, belleza y equivocación, zurciendo y rehaciendo, jugando y pensando, sin querer queriendo.

sin yeso

surreal tropical

CONTRA NATURA[5]

marzo 2018

Un hombre del pueblo de Neguá, en la costa de Colombia,
pudo subir al alto cielo.
A la vuelta, contó. Dijo que había contemplado, desde allá arriba, la
vida humana. Y dijo que somos un mar de fueguitos.
—El mundo es eso— reveló. Un montón de gente, un mar de fueguitos.
Cada persona brilla con luz propia entre todas las demás. No hay dos
fuegos iguales. Hay fuegos grandes y fuegos chicos y fuegos de todos los
colores. Hay gente de fuego sereno, que ni se entera del viento, y gente de
fuego loco, que llena el aire de chispas. Algunos fuegos, fuegos bobos, no
alumbran ni queman; pero otros arden la vida con tantas ganas que no se
puede mirarlos sin parpadear, y quien se acerca, se enciende.

—Eduardo Galeano, "El mundo" en *El libro de los abrazos*[6]

Durante los últimos días de junio de 1969, en el Stonewall Inn
de la calle Christopher, en la ciudad de Nueva York, se encendió
en Estados Unidos el fuego que arde de una mecha siempre
alerta, milenariamente, en todo el planeta. Una multitud de
cuerpos disidentes, raras, cuir, negras, mestizas, empobrecidas,
le opuso la fuerza de su convicción a la fuerza represiva y
violenta de la policía. La última, como acostumbraba a hacer,
se disponía a realizar una redada de desalojo, apropiaciones
violentas de cuerpos diversos, arrestos arbitrarios y toda suerte

---

[5] Una porción de este texto se leyó en los actos de apertura del *VII Coloquio ¿Del otro lao?: perspectivas y debates sobre lo cuir*, que se celebró en la UPR-RUM del 6 al 8 de marzo de 2018.

[6] Eduardo Galeano, *El libro de los abrazos* (Buenos Aires: Catálogos, 2005 [1989]).

25

de estrategias para continuar infundiendo el miedo que hoy, seguimos combatiendo. Uno de los cuerpos protagonistas fue Sylvia Rivera, trans-boricua de Nueva York, quien convirtió su vida en la lucha toda como "transgender activist, advocate for drag queens and other gender non-conforming people, and the voice and support for countless queer youth."[7] Lo que vino a llamarse la rebelión de Stonewall se evoca todos los años a fines de junio con salpafueras cuir en todo el planeta. Quien se acerca, se enciende.

Durante los primeros meses del año 2005, en el Recinto Universitario de Mayagüez de la Universidad de Puerto Rico, se encendió en el oeste de nuestro país el fuego que arde de una mecha siempre alerta, milenariamente, en todo el planeta. Un estudiante, Johnny Miranda, declaró la necesidad de un salpafuera cuir en el Recinto, espacio de muchos modos opresivo, y actuó en pos de conseguirlo. Lo que vino a llamarse el *Coloquio ¿Del otro lao?* se evoca cada dos años en un evento que organizamos desde el amor a todas las diversidades y desde el compromiso político por otra vida posible en nuestro archipiélago. Quien se acerca, se enciende.

Sólo consigno dos fueguitos del mar infinito que es el archipiélago puertorriqueño, dondequiera que estemos. Uno de esos fuegos –Stonewall– es más reconocido y visible que el otro –nuestro *Coloquio* en Mayagüez–, pero ambos nos enlazan con el mar inmemorial de fueguitos disidentes y rabiosos que saben bien, en el cuero y en la carne, que otros modos de convivencias, de gestas políticas, de amores colectivos, son

---

[7] Anna Klebine, "'Hell Hath No Fury like a Drag Queen Scorned:' Sylvia Rivera's Activism, Resistance, and Resilience." *Out History*. http://outhistory.org/exhibits/show/tgi-bios/sylvia-rivera.

posibles y urgentes. Lo saben no sólo porque los imaginan a futuro, sino porque los construyen aquí dentro, aquí mismito, en nuestra realidad, todos y cada uno de los días.

La séptima edición del *Coloquio ¿Del otro lao?*, que coincidió y se unió al Paro Internacional del 8 de marzo, tuvo como eje temático "Trans, inter y otras rutas urgentes para el devenir cuir." Dedicamos el evento a todos los cuerpos disidentes, raras, cuir, pero, muy especialmente, a aquellos que se identifican como trans e intersex. Si algo nos queda claro cuando nos ocupamos de aprender (y el *Coloquio* ofrece mucha oportunidad para hacerlo), es que las personas trans e inter son quienes más nos acercan al fin del heteropatriarcado que tantas vidas ha asesinado, literal y simbólicamente. Los cuerpos trans e intersex han sido, indudablemente, protagonistas de nuestras luchas cuir por la justicia, y debe ocasionarnos rabia para la acción que, a la vez, hayan sido tantas veces olvidadas en el panorama general de los modos en que se cuenta la historia y, aún más trágicamente, al interior de nuestras propias luchas.

En 1991, Monique Wittig escribió, en su introducción a *El pensamiento heterosexual y otros ensayos*, volumen que recoge sus ensayos entre los años setenta y noventa, que nuestras luchas persiguen no sólo romper el contrato heterosexual (lo que llamó "el pensamiento de la dominación"), sino "destruir política, filosófica y simbólicamente las *categorías* de 'hombres' y 'mujeres'."[8] Los cuerpos trans e inter encarnan literalmente ese objetivo radical y liberador. Honramos, pues, sus cuerpos, sus voces, sus cuentos, sus deseos, sus ganas, sus pasiones. Reconocemos y celebramos sus fuegos que arden, todas y cada

---

[8] Monique Wittig, *El pensamiento heterosexual y otros ensayos*. Trads. Javier Sáez y Paco Vidarte. (Madrid: Editorial Egales, 2010 [1992]).

una de sus llamas, que viven y mueren demostrando que la especie humana no es más ni menos que cualquier otra especie: una continua evolución, un devenir incesante, o en los versos del poema "El origen de las especies" de Ernesto Cardenal:

> [...] parientes todas las especies
> de las orquídeas a las lombrices
> bacteria gradualmente dinosaurio
> luego el dinosaurio se volvió ave
> también nuestro ancestro molusco
> Sólo hay un animal
> En un universo cuántico no local
> donde estamos interconectados
> a pesar de distancias inmensas.

Destruyamos, pues, el régimen sanguinario de las esencias puras, que mata en nombre de la natura. Destruyámoslo porque sabemos que la naturaleza lo que dicta es trans-formación y entre-cruzamiento sin confines, sin límites, sin policías: "Lo que Darwin descubrió [...] es que estamos entrelazados / si uno resucita / resucitan todos," al decir, otra vez, de Ernesto Cardenal. A quienes nos quieren muertxs de miedo, de dolor o de cuerpo, les decimos: "nos tienen miedo porque no tenemos miedo." Son ustedes la contra natura.

DESDE EL SUELO
abril 2018

Me gusta acostarme junto a mi perro, pegaditos al suelo, y contemplar los detalles de su otredad. Son hermosas las pequeñas hebras de su pelo, tantas y tan juntas. Bellas sus minúsculas pestañas encanecidas. Conmovedores sus dientitos frontales, evolutivamente irrelevantes.

Allí, con el oído en tierra, muchas veces trato de seguir su mirada. ¿Cómo se ve desde el suelo, desde abajo? Son tantas las pequeñeces que se vuelven, de pronto, visibles, grandiosas. Es cuando mejor entiendo, en la carne, lo del polvo de estrellas que explica la astrofísica.

Alguna vez leí una apreciación de la perspectiva de las hormigas, quienes son capaces de percibir en cuatro dimensiones. Una hormiga, precisamente por su pequeñez, puede atravesar superficies por sus cuatro lados. Puede caminar por debajo. Vive incluso más pegada a la tierra que mi perro y, desde luego, muchísimo más que yo. (Quienes escribían sobre las hormigas no lo hacían desde mi trópico, por lo que olvidaron mencionar nuestros atléticos y atesorados lagartijos.)[9]

*

---

[9] Véase, por ejemplo, el reciente reportaje "Lagartijos boricuas 'son un tesoro científico'," de Osman Pérez Méndez en *Primera Hora* (10 de enero de 2023): https://www.primerahora.com/noticias/puerto-rico/notas/lagartijos-boricuas-son-un-tesoro-cientifico-que-ofrecen-respuestas-para-entender-evolucion-y-conservacion/.

He dedicado buena parte de mis esfuerzos como investigadora a defender la pequeñez de nuestro archipiélago, junto con la de todos los de esta región centenariamente saqueada, explotada, violentada. He insistido en la necesidad de que pensemos a escala, a nuestra escala. Que volvamos la mirada a nuestro entorno. Que abandonemos el *bigger is better* del capitalismo expansivo, suburbano, imperialista que atenta contra la sobrevivencia misma de la vida del planeta.

Hoy, alucino ante tanta defensa del achicamiento. Hasta hace muy poco, lo que había que hacer era agrandarlo todo: los centros comerciales, las tiendas, los edificios, los carros, las casas. Resulta que el capital, en su criminal afán por tomarlo todo, decide no sólo qué es lo grande y lo pequeño, sino también qué debe *considerarse* grande y qué pequeño.

Grandes no son las cuentas bancarias, las evasiones contributivas, los números alojados en paraísos fiscales, la impunidad de los responsables de una deuda odiosa, ilegítima, criminal, las innumerables cuerdas de terreno de la agroindustria, las listas de cadenas multinacionales comiéndose economías locales, los acosos y las violaciones, las deudas históricas ni las deudas afectivas del 1%. Todo eso es pequeño, pequeñísimo, minúsculo; tanto, que es inexistente.

Grande es, según el 1% que controla casi todo lo que hace posible la vida en común del planeta, $2,000 al mes, una escuela o universidad pública, un trabajo que corresponda a las pasiones propias en condiciones justas, una red de cooperativas, una cuerda de terreno cultivada sin pesticidas, unos cuerpos aguerridos, un chequecito de mes a mes y va en coche, un retiro mínimamente digno para envejecer, unos días garantizados para el descanso y otros para poder enfermarse. Grande no es la ambición más repulsiva, la prepotencia más impune ni el crimen contra el futuro. Eso es tan pequeño que, para el 1%, no existe.

Y, como el 1% decide qué es lo grande y qué lo pequeño, determina también qué hay que achicar a sangre y fuego. Ahora resulta que *downsized is better*. El 1% valora lo pequeño sólo en la medida en que engrandece lo que ya, de por sí, es colosal: su crimen.

Hace unas semanas, escribí: "si se trata del *glamour* de cálculos numéricos tras las vitrinas de inmensos edificios y celulares de último modelo, entradas y salidas en *SUVs* con cristales ahumados y trajes de diseñador muy bien acicalados, la crisis se vuelve la celebridad protagónica del *reality tv* de 'los expertos' al que nos subyuga el capitalismo actual. La crisis es, de hecho, la celebridad total: está en todas partes y en ninguna, lo posee todo y no tiene nada, lo devora todo y no consume nada, lo decide todo y no es responsable de nada. En la misma medida en que sus números consumen *todos* los cuerpos, *todos* los cuentos y *todos* los hogares, la crisis glamorosa no tiene cuerpo, cuento, ni hogar. De ese modo, como ocurre con las celebridades, la crisis manufacturada que se alimenta de nuestros cuerpos, cuentos y hogares, nos resultará, paradójicamente, inaccesible y remota."[10]

La celebridad total nos ha declarado la guerra. Es una guerra contra las mayorías, contra la posibilidad de mañanas, contra lo poco que nos queda de vida en común. Y, para ganarla, la celebridad total *necesita* triunfar también en la contienda conceptual. Le urge controlar el significado de todo. Que las grandes mayorías nos memoricemos sus definiciones, su "mundo al revés" como lo describió Galeano, es, para el 1%, apremiante.

---

[10] Véase mi "Situar la crisis y ceremoniar su pago: ensayo en cuatro actos." *Cruce* (5 de abril de 2018: 55-71). https://issuu.com/revistacruce/docs/5_de_abril/55.

Pero un país no vive de botellas. Por definición, en cuanto salimos de un examen para el que embotellamos definiciones, las olvidamos. Este país vive de sus cuerpos, de sus afectos, de sus memorias, de sus de abajo. Y desde allí, desde el suelo, sabemos qué es lo grande y qué lo pequeño. Sabemos qué urge achicar: el abismo entre las más minúsculas minorías y las más inmensas mayorías. Que nadie se deje engañar por estos criminales de hecho, de palabra y de pensamiento: no entregaremos la grandeza de la pequeñez de nuestro archipiélago, de todos los cuerpos de abajo, pegados a tierra.

*

Cuando miro desde el suelo, siguiendo los ojos de mi perro, comprendo que mi país está, siempre, en otra parte, grande, inmenso, en su pequeñez.

parrillada

homenaje a la fragilidad

MILAGROS LAICOS

noviembre 2018

[...] hay alternativas prácticas al actual status quo del que, no obstante, rara vez nos damos cuenta, simplemente porque tales alternativas no son visibles ni creíbles para nuestras maneras de pensar. [...] no necesitamos alternativas, sino más bien maneras alternativas de pensamiento.

—Boaventura de Sousa Santos, 18[11]

Hay censuras evidentes, como las de los imperios y dictadores machunos que tanto han asolado el mundo. Parecería que no –y los penepés insisten en hacer leña de un árbol que proyectan siempre desligado de Puerto Rico, pues supuestamente sólo echa raíces por allá, en las "repúblicas bananeras"–, pero desde que nuestro archipiélago fue sitiado por la fuerza genocida del imperialismo, ha estado sujeto a censura abierta:

> En un país gestado a la sombra de la censura, no resulta sorprendente que, a diferencia de los 'cabinets de lectura' franceses, o los 'reading libraries' ingleses, en el [Gabinete de Lectura] de Ponce no se permitiera la circulación de libros. Después de todo, en Puerto Rico la cultura letrada tenía, como hemos visto, una proyección literalmente subversiva: 'A mediados del siglo XIX no había ningún artículo prohibido al comercio de Puerto Rico, pero era necesario obtener un permiso del Gobierno Superior Civil

---

[11] Boaventura de Sousa Santos, "Epistemologías del Sur." *Utopía y praxis latinoamericana* 16 (54): 17-39, 2011.

para introducir tres de ellos: pólvoras, armas de fuego y libros."[12]

Pero hay otras, más sutiles censuras, como las del mercado capitalista que a cada minuto nos moldea el pensamiento y el deseo –desde los resultados que aparecen primero al hacer una búsqueda en internet hasta cada uno de los mecanismos publicitarios. Quizá sean éstas las censuras más difíciles de contrarrestar precisamente porque no les adjudicamos el nombre de un peligro. En el Puerto Rico de hoy, sin duda, la censura más atroz es aquella que ya ha señalado Naomi Klein: "The triumph of neoliberalism is the idea that the alternative is always even worse."[13] Se censura así nuestra imaginación, nuestro concepto de futuro, nuestro derecho a la especulación y a las utopías.

"To overturn that, there has to be a boldness and a recapturing of the utopian imagination," concluye Klein. Creo que lo único capaz de recapturar la imaginación utópica y contrarrestar la censura contemporánea en las supuestas "democracias" es el arte –en cualquier medio y lenguaje– inflexiblemente autónomo de las fuerzas del mercado. No digo que esa cualidad sea fácil, ni siquiera posible, de mantener a toda prueba, pero hay que intentarlo, a cada minuto, y decir que no y que no y que no, pues los nuestros son otros sí. Por supuesto, para hacer arte así, se precisa la disposición a pagar el alto precio de la indiferencia,

---

[12] Marta Aponte Alsina, "De bibliotecas y gabinetes de lectura." 2008. http://angelicafuriosa.blogspot.com/2008/05/de-bibliotecas-y-gabinetes-de-lectura.html.

[13] Véase su entrevista con Tim Adams, "'Trump is an idiot, but don't underestimate how good he is at that." *The Guardian* (11 de junio de 2017). https://www.theguardian.com/books/2017/jun/11/naomi-klein-donald-trump-no-is-not-enough-interview.

la falta de acceso a materiales y recursos, la limitada difusión del trabajo y, en muchos casos, la pobreza. En última instancia, no hay perfección, victoria ni respuesta en el arte, si a éstas las queremos absolutas, al precio que sea y a cambio de cualquier pacto.

Hace unos días fui estudiante de un payaso. Arte y educación quedan fundidos en el número dominical de Leo Bassi, quien es un payaso de veras. (Hago la salvedad porque ahora resulta, según mucha gente, que Trump "es un payaso"... y no es el de José José). El payaso del que hablo "transforma la basura en espiritualidad, en vez de la espiritualidad en basura, como sus competidores." Decía que el arte que se niega a su comercialización, condensando el buen sentido popular para transformarlo en mensajes capaces de eludir tanto las censuras más burdas como las más elusivas, puede hacer *milagros laicos*. Estos no nos llevarán a la perfección ni a la victoria —criterios, según el payaso, propios de dictadores. Pero precisamente porque pasan aquí, ahora, es decir, porque son reales, lograrán conmociones inmanentes, con efectos impredecibles y sorprendentes, sin requerir una divinidad trascendente que nos conmine a ignorar la cotidianidad que urge transformar. En su clase, el payaso usaba como ejemplo la biografía de otro payaso, el ruso Oleg Popov, quien logró milagros laicos tales como volverse famoso con un número alegórico que denunciaba, en plena censura estalinista, la burocrática jerarquía del poder que le impedía comer a las grandes mayorías aun cuando se ufanaba de ser un sistema igualitario. También consiguió que, ante miles y miles de espectadores, el alcalde de San Petersburgo se pusiera una corbata de payaso que Popov haló hasta convertirla en cinta de inauguración que procedió a cortar, en un claro desafío a la autoridad del alcalde. El gran payaso murió siendo reconocido como genio por los millares de personas que acudieron a su funeral en la pista del circo en Rusia, su gran pasión y su gran compromiso.

Eludir la censura a nuestra imaginación es el más enorme desafío del Puerto Rico contemporáneo. Quienes luchamos día con día, desde nuestras respectivas posibilidades y recursos, por un Puerto Rico radicalmente distinto, participativo, inclusivo, justo, de poderes horizontales y rotativos y de economías solidarias, planteamos deliberadamente esa utopía de país no porque creamos que es posible terminar de construirlo un buen día, declararlo existente en ese mismo momento y lograr que se quede así, tan bonito, como si fuera de plástico, para siempre. No es lego lo que jugamos cuando jugamos a hacer otro país. Luchamos por alimentar el proceso, la práctica de esa utopía, con todas sus incertidumbres y frustraciones. Es, como aquella que defiende el artista Luis Camnitzer, una utopía fallida. Ese fracaso, esa imperfección, esa apertura al error, es lo que la hace "liberadora porque ha abandonado la ilusión que se deduce de imaginar la utopía como totalidad determinada."[14]

Usando otro vocabulario, podemos describir las utopías fallidas como aquello que está simultáneamente ausente y emergente. En el mismo ensayo antes citado, Boaventura de Sousa Santos defiende el concepto "Todavía-No" de Ernst Bloch, quien lo opuso al imperio del "Todo" y la "Nada" en la filosofía occidental, explicando que:

---

[14] Octavio Zaya, "Los contextos del ejercicio del conocimiento." En Luis Camnitzer, *Hospicio de utopías fallidas* (Madrid: Museo Reina Sofía, 2018), 25. https://issuu.com/museoreinasofia/docs/13_camnitzer/28.

> La sociología de las emergencias consiste en la investigación de las alternativas que caben en el horizonte de las posibilidades concretas. En tanto que la sociología de las ausencias amplía el presente uniendo a lo real existente lo que de él fue sustraído por la razón eurocéntrica dominante, la sociología de las emergencias amplía el presente uniendo a lo real amplio las posibilidades y expectativas futuras que conlleva. En este último caso, la ampliación del presente implica la contracción del futuro, en la medida en que lo Todavía-No, lejos de ser un futuro vacío e infinito, es un futuro concreto, siempre incierto y siempre en peligro. Como dijo Bloch, junto a cada esperanza hay un cajón a la espera. (33)

Para contrarrestar la censura de la imaginación utópica, y recordando, a la vez, que nuestra utopía es fallida, nos invito a armar juntas una lista de milagros laicos en Puerto Rico, nuestros Todavía-No. Un milagro laico en Puerto Rico es...

- cada placita de verduras y frutas en la orilla de la carretera.
- cada colectivo artístico trabajando al margen de los circuitos comerciales.
- cada solar en que la tierra se trabaja de manera verdaderamente solidaria, participativa, equitativa.
- cada estudiante que valora la educación no como producto que se negocia, sino como proceso a un tiempo arduo y liberador.
- cada persona tradicionalmente marginada que logra una cuota de libertad, por más pequeña que parezca.
- cada pasquín feminista y cuir, cada pancarta en defensa de la educación pública, cada declaración contra la dictadura político-partidista y la de la Junta.

A PUNTO DE CAER

febrero 2019

Son dos los caminos que pueden llevarme de la casa al trabajo. En cada uno, hay una máquina doméstica fuera de contexto, puesta al borde de un país al borde.

El primer caso es una lavadora de ropa empotrada en un cuadrado que, al parecer, fue hecho especialmente para alojarla. El cuadrado, ubicado entre dos ventanas en el lateral de una casa de madera, le roba ese espacio al interior. La casa, a su vez, está construida junto a la angosta carretera que atraviesa una colina frente a la costa.

Vista desde esa carretera que recorro en las mañanas, la máquina de lavar ropa aparece casi suspendida en el aire, a punto de caer. A pesar de mi cotidiano empeño en descifrarlo, aún no encuentro el modo en que las personas que interactúan con la máquina pueden hacerlo, salvo por un angostísimo pasillo que creo haber divisado en la fugacidad del ajoro matutino. Lo cierto es que nunca he visto —a ninguna hora del día— una persona echar o sacar ropa de la máquina. Sin embargo, la lavadora luce bastante nueva, lo que me hace suponer que no se trata de un abandono.

La casa de madera estuvo más de un año con toldos azules, pero la máquina de lavar ropa se salvó del embate mariano. La mañana en que divisé el resplandor del sol rebotando contra las nuevas planchas de zinc en la casa empotrada en la colina, fui muy feliz.

41

El segundo caso es un televisor análogo –con todo y abultamiento posterior– encaramado en una silla de ruedas. El televisor pareciera la antítesis de la lavadora, tomando en cuenta que la capacidad de interacción humana-máquina se multiplica por virtud de la ingeniosa movilidad de la última. Pero, invariablemente, veo el televisor estacionado en el mismo lugar, al borde de los blíchers de una cancha de baloncesto comunal, haya o no juego.

Siempre ruego que el semáforo que está frente a la cancha me toque rojo para contemplar por unos minutos el baloncesto de nuestra muchachería tenaz, aviso de futuros, pero, sobre todo, para ver el televisor en todo su esplendor, lanzando su programación local mientras un hombre que, a la distancia, juzgo de más de sesenta años, lo mira. No son pocas las veces que allí están el televisor y el señor, en la oscuridad de la noche y en el silencio de la ausencia, porque esa noche no hay juego o porque ya se acabó. La noche en que confirmé que la cancha y los juegos de baloncesto se mantuvieron en pie tras María, fui muy feliz.

¿Por dónde ir con estas dos imágenes recurrentes? Una podría discutir la historia diferenciada de cada una de las máquinas, así como las implicaciones sociales, económicas, imaginativas y hasta políticas del régimen del televisor y del fin aparente de los lavados en el río. Una podría también hacer la asociación sencilla que nos permite la sinécdoque: estas máquinas fuera de sus contextos habituales son una muestra del todo, del país descalabrado. Una podría, del mismo modo, discutir las relaciones de género que la maquinización de la vida refuerza y ahonda. La lavadora de ropa es una máquina para mujeres (esto es comprobable incluso en la historia de su invención y difusión) que, de paso, asiste al capital a asegurar la entrada más robusta de las mujeres a "la fuerza de trabajo" y que no debe ocupar una posición central en las casas, sino más bien marginal —escondida, si posible—, como las vidas de las mujeres que han de usarla. Mientras, el televisor es una máquina para "toda la familia," supuestamente democratizadora de la información y, por ello, debe tener en el hogar —o en la oficina médica, en la agencia de gobierno, en la barra, en el restaurante o dondequiera— un sitial preferencial. Mas, al interior de la domesticidad cisheterosexual, tiende a generar incontables anécdotas sobre el "hombre de la casa" que monopoliza el control remoto.

Se confirman estas aseveraciones con la inaccesibilidad —e incluso el peligro— que supone usar la lavadora de nuestra casa de madera, mientras el televisor de nuestra cancha comunal puede llegar en su silla de ruedas a cualquier parte para ocuparla preferencialmente. Se confirman también porque a la lavadora nunca la he visto con persona. Al televisor, en contraste, nunca lo he visto sin señor.

Aunque sería posible encabullar todo lo anterior, nada me anima a volver a tirar. Al ver la lavadora y el televisor cada día que me dirijo hacia o regreso de nuestra universidad pública a punta de pistola del poder, se me aloja en la garganta una piedra cuya materia desconozco, aunque sé que no es análisis lo que precisa. He llorado por su causa. Sospecho que mucho se relaciona la piedra con el modo en que esa lavadora al borde de un precipicio de casa de madera y ese televisor que podría ir a cualquier parte, pero sólo va a la cancha comunal, nos dicen mucho, muchísimo, sobre la pobreza que María no ha hecho más que desvestir en este asediado grupito de islas.

A veces escribir no esclarece. Una se empeña, pero acaba el cansancio por rendirla. Tendrá que ser suficiente escribir para atestiguar imágenes a un tiempo perturbadoras y conmovedoras y confiar que registrarlas hace algún homenaje al Puerto Rico que a una le tocó vivir, ese volcánico azar, objeto para mí de una gran pasión. Si alguna mañana bordeando la casa me encontrara el cuadrado vacío, o alguna noche ante el semáforo rojo me topara con la desaparición del televisor, seguramente lloraría una inmensa pérdida.

VOLÉ A ARUBA Y ATERRICÉ, CASI, EN PUERTO RICO

abril 2019

En Aruba hay una ristra de hoteles como palacios en el litoral.

Hay otra hilera de hoteles, de más baja escala, un poco más allá, y aun otra un poco más acá.

Hay minas de oro abandonadas.

Hay plantaciones de sábila derruidas.

Hay refinerías de petróleo vueltas monstruos venenosos del huido capital.

Hay campos militares con altísimos sáiclonfens y rollos de alambre de púa.

Hay campos de golf con altísimos sáiclonfens y rollos de alambre de púa.

Hay un par de cuadras como *set* de película, frente al muelle donde atracan los cruceros, con frontones de brillantes colores, tiendas de diseñador y un colosal embuste por bienvenida.

Hay letreros de propiedad privada frente al mar.

Hay un imperio holandés al que atención crítica debemos.

Hay un vaivén diario de pelotones de turistas con su pinta de turista y su actitud de turista y su violencia de turista y su inconciencia de turista y su estupidez de turista.

Y hay una línea, negra por un lado y blanca por el otro, que al pretenderse invisible se vuelve más real.

La máscara blanca de los hoteles, las minas, las plantaciones, las refinerías, los campos militares, los campos de golf, el puerto de los cruceros, el imperio holandés, los pelotones de turistas, toca sin tocar la piel negra de una honda pobreza hecha de zinc, varillas y jirones.

La vulgar opulencia blanca, que siempre se va, reclama el mar como propio. A su lado, la economía negra remonta a diario la traición de la antigua promesa de bienestar.

Con cada *boom* de negocios en Aruba, cuyo *bust* está previamente asegurado, hay también poblaciones que van y vienen, que llevan décadas viniendo y yéndose, no por la movilidad del dueño, sino por la del peón. Me cuentan que hay mucha gente colombiana y mucha gente venezolana y mucha gente de otros países caribeños. Conocí a una mujer dominicana con quien compartí largos ratos de plática. Los cuentos de su vida trashumante son mitad espeluznantes, mitad las historias más dignas que jamás se hayan contado.

También me cuentan que hay muchos accidentes fatales, sobre todo, al cobijo de las noches profundas, porque no caben los carros ni las adicciones ante tanto dolor sin perspectiva de futuro. Una enfermera de ambulancia a quien conocí me lo confirma.

En Aruba, por otra parte, hay cabras libres en los redondeles de las calles. Hay una exuberancia desértica en una región mercadeada como tropical paraíso. Hay papiamento y un multilingüismo cohabitado que corre al ritmo del torrente de vida, traspasando los palacios y los sáiclonfens y los alambres de púa y los turistas *english*-monolingües y las murallas y el abandono y la traición. Hay una alegría de carnaval y –¡ay, Kincaid!– la persistencia de lugar pequeño, manoseado, saqueado, violentado, pero, por lo mismo, siempre incomprensible para la gramática del poder, secreto, escondido, en pie.

Ya no quiero que me insistan –derechas o izquierdas– que mire a otra parte, más arriba o más abajo del Ecuador. Volé a Aruba y aterricé, casi, en Puerto Rico. Es esto lo que quiero –y debo– mirar.

vida caliza

RUIZ TORRES

julio 2019

> A Nicole, con quien tanto he aprendido
> y quien me autorizó a divulgar este homenaje.

Ruiz Torres.

Son apellidos de una mujer brillante y aguerrida.

Son apellidos de una mujer brillante y aguerrida, proveniente de un barrio empobrecido, a unos pocos kilómetros del casco del pueblo de Añasco.

Son apellidos de una mujer brillante y aguerrida, proveniente de un barrio empobrecido, a unos pocos kilómetros del casco del pueblo de Añasco, con una congénita condición visual que apenas le permite ver.

Son apellidos de una mujer brillante y aguerrida, proveniente de un barrio empobrecido, a unos pocos kilómetros del casco del pueblo de Añasco, con una congénita condición visual que apenas le permite ver y quien aprendió sueco por su cuenta, por internet.

Son apellidos de una mujer brillante y aguerrida, proveniente de un barrio empobrecido, a unos pocos kilómetros del casco del pueblo de Añasco, con una congénita condición visual que apenas le permite ver y quien aprendió sueco por su cuenta, por internet, aunque vivía en un país tan enajenado de la diversidad que ni siquiera le permite moverse en transporte público.

49

*

Nicole Ruiz Torres fue mi estudiante en el Recinto de Mayagüez de la Universidad de Puerto Rico. A Nicole le gustan los delfines, los museos, las artes y el color violeta. Requiriendo una lupa para leer los contenidos de las pizarras, completó un bachillerato en Literatura Comparada, un certificado en Lengua y Cultura Italiana, un certificado en Cine y una maestría en Inglés en dicha institución, en la que, como en el resto del país, hay escasísima conciencia, condiciones e infraestructura para las diversidades humanas.

A lo largo de su vida, Nicole ha debido hacerse múltiples procedimientos quirúrgicos en sus ojos. Mientras fue mi estudiante, experimentó una de esas operaciones, quizá la más riesgosa. Pasó varios días en la más absoluta ceguera, detrás de unos gruesos parchos. Me contó de la insondable angustia que vivió entonces ante la posibilidad de no volver a ver nunca más. Fue un abismo que enfrentó con la misma entereza que el resto de su vida: el abandono del padre, las precariedades de la madre, la rara enfermedad de la hermana. Después de esa operación, Nicole empezó a cuidar mejor y más integralmente su salud corporal y espiritual.

Hoy, Nicole vive sola en la ciudad de New York. Viaja en tren todos los días para completar un grado de maestría en Educación Comparada e Internacional de la Universidad de Columbia, ir al gimnasio, hacer *kickboxing*, practicar tiro con arco y trabajar en escuelas para niñes inmigrantes. Nunca deja de leer. Nicole Ruiz Torres también sueña con hacer películas que nos hagan ver el mundo, literalmente, como ella lo ve y diseña clases para que gente empobrecida, sin perspectiva de futuro en la "America" de Trump, sueñe, crezca, ansíe, a pesar de todo.

*

Nos duele el Puerto Rico del presente como quizá nunca antes. He escuchado muchas veces la fórmula fácil de que los pueblos tienen los dirigentes que merecen. Numéricamente es muy fácil demostrar la falsedad de esa premisa: vota cada vez menos cantidad de personas en Puerto Rico y, del porciento que vota, es aún menor la cantidad de personas que vota por "los muchachos" que "caen encima." Sabemos, además, que son múltiples los vicios estructurales de la supuesta "democracia" representativa, caracterizada, más bien, por la maquinaria de las oligarquías patriarcales-capitalistas-coloniales-racistas.

Pero me importa más la falsedad cualitativa que la cuantitativa. Roselló. Keleher. Velázquez Piñol. Orona. Cerame. Llerandi. Rosario. Maceira. Miranda. Bermúdez. Sobrino. Fortuño. Carrión. Pesquera. Puerto Rico no es de sus apellidos, no importa cuánto les parezca que sí. "Gran trabajo guys! Cogemos de pendejo hasta los nuestros." "Gran trabajo," en efecto. Ustedes y los suyos, los de las urbanizaciones, escuelas, clubes, autos y jets exclusivos, son los que caerán. "La historia" que "hay que matar rápido" es la suya. Caerán encima, sí, pero de su propia impudicia.

Son ustedes el cadáver que buscan para alimentar los cuervos. Nosotras, en cambio, somos miles y miles de Ruiz Torres viendo, contra todo pronóstico, y haciéndonos, pese a todo, el país que soñamos.

Rescatistas

septiembre 2019

Sin contar las criaturas más pequeñas —como lagartijos, salamandras, moscas, coquíes, iguanas "criollas" y pajaritos— y, ciertamente, descartando los millares de formas de vida microscópicas, a mi casa de urbanización sin acceso controlado han llegado pollitos descarriados, gatas parturientas y gallos desorientados. Una que otra vez también han entrado perros. En una ocasión, una perra quedó pillada en la verja. Rescatarla fue difícil. Riesgoso. Pero lo logramos. En otra ocasión, salí a la calle despavorida tras escuchar sonidos que alertaban de una seria pelea. En una toalla envolvimos a un perro que ya casi no podía caminar, lo montamos en el carro y lo llevamos al veterinario. Una placa reveló cuatro perdigones incrustados en diferentes partes de su esqueleto. Eran perdigones viejos. El corazón del perro, además, estaba traspasado de enfermedad. El veterinario recomendó la eutanasia. Lo cierto fue que antes de empezar a envolverlo en la toalla, sabíamos que su destino era morir en nuestras manos.

Ya he dicho que es una condición habitual de mi vida en Puerto Rico llorar los cadáveres en las carreteras —los ya muertos y los potenciales, esos que uno se topa, infundidos de pánico, a la orilla, en la línea blanca, junto a la isleta, de una muerte certera. Cierro y aprieto los ojos, como cuando niña, aun si estoy guiando, y con ese gesto instintivo, yo misma me pongo en peligro con tal de no mirarlos por el retrovisor. Me aterra imaginar que el golpetazo de un carro me tenga de testigo.

A la gata parturienta de ojos amarillos hasta nombre le pusimos: Safo, como la poeta del amor entre mujeres. Rescatamos sus bebés y, mientras escribo esto, están en proceso de adopción a través de la fundación de una querida y valiente estudiante. A Safo la logramos atrapar para llevarla a vacunar y esterilizar. Nunca nos perdonó. No volvió a casa, pero a veces la vemos en otras calles de la urbanización y así sabemos que está bien. Siento que entiendo la dignidad de su negativa.[15]

Poco menos de un mes después de Safo, llegó otra gata. Esta se quedó. Nos perdonó esterilización y vacunas. Se llama Clara. Es hermosa, hace piruetas, y desde el primer minuto ama entrañablemente a nuestro viejo perro, Andre.

Nada de lo que describo es extraordinario ni inusual en Puerto Rico. De hecho, es poco, poquísimo, lo que logro hacer para contrarrestar tantas criaturas en el más abyecto abandono. En contraste, hay todo un país rescatista de perras y gatas, de personas vulnerables, de tierras, de playas, de escuelas, de árboles, de tinglares... Esa Puerto Rico rescatista, cuidadora, en tantos sentidos vuelta invisible, fue protagónica de nuestra revolución veraniega, de ese esfuerzo en curso por rescatar el archipiélago de aquello que lo vulnera. Pero sobre ese protagonismo furtivo apenas hemos hablado. Nos urge hacerlo.

Cuando una lo intenta, sin embargo, le cae como un bloque en la sien el peso continuo de eso que llamamos patriarcado, pues hablar de estas cosas es hablar de trabajo oculto, anónimo, ingrato; es hablar de vulnerabilidad, de heridas aún supurantes, de intimidades, de pequeñeces, de momentos cotidianos y aparentemente vanos. Es hablar de las vidas de millares de

---

[15] Safo ha continuado dándonos lecciones: consúltese "La gata, la playa, la dignidad" más adelante en este libro.

mujeres, de personas inter, trans y no binarias, de hombres disidentes de la masculinidad tradicional, que se dedican a la labor rescatista, cuidadora.

Analizar estas cosas supone haberse estudiado a Marx *y* a Beauvoir, a Albizu *y* a Capetillo. Mas en la vida y el discurso del patriarca marxista o albizuista que habla, que escribe, que analiza, que pontifica, que pronostica, que diagnostica los procesos revolucionarios, éstos no son asuntos valorados. Y en el Puerto Rico de hoy, todavía, están llenos de patriarcas los canales de televisión, los foros universitarios, los paneles académicos, los programas de radio, los podcasts. Tanto es así que he visto con horror múltiples promociones de eventos de análisis sobre el verano 2019 en las que no aparece ni una sola persona que no se identifique como hombre.

Ante tal escenario, son ustedes, hombres panelistas, los llamados a disentir de su privilegio, los que deben negarse a participar si no se diversifica el foro, los que precisan invitar y ceder su puesto a una colega y accionar la solidaridad, de veras. Son ustedes también los convocados a investigar, leer, aprender; a vulnerarse fijándose en lo pequeño, lo íntimo, lo cotidiano. Son ustedes quienes deben asumir en equidad la responsabilidad de la vida material, al desnudo. Y antes de correr en defensa de su particular situación o biografía, de rogarnos que les rescatemos de su ignorancia, su terquedad o su desconcierto, son ustedes a quienes les toca comprender las razones y el lugar de donde provienen nuestra justa ira, nuestra agotada paciencia.

En una palabra, sean ustedes, por fin, los rescatistas de sí mismos. Sólo así podrían hacer junto a nosotres la faena que sigue apremiando: el rescate de lo vulnerado hasta que el país ya no lo sea.

una moña para el moho

crepuscular

ACOTACIONES PARA EL FIN DEL MUNDO (¿O SERÁ EL COMIENZO?)
octubre 2019

Supongamos que aparece por la derecha, rapidito, rapidito, una figura vieja, más bien anciana, reusándose a mirarnos.

Supongamos que emerge por la izquierda, despacito, despacito, una figura joven, más bien niña, mirándonos obsesivamente.

Imaginemos que, tras las dos figuras, sólo cuelgan en el espacio escénico las cortinas oscuras que sacan la escena del tiempo y de la historia, del espacio y de la geografía. Podrían ser una anciana y una niña, en cualquier momento, en cualquier lugar. Pero una nos ignora, siempre a frenético paso, mientras la otra nos inquiere, a lentísima velocidad.

Las dos actitudes son consistentes, penetrantes, y se sostienen por lo que parece un tiempo inacabable. Las figuras no cesan de desplazarse, a sus respectivos ritmos, sin proferir sonidos, haciendo grandes y pequeños círculos en diferentes planos con diversas partes de sus cuerpos, vestidos de un negro nítido, reluciente. Ninguna parece ser consciente de la presencia de la otra. No se miran entre sí. No se tocan. No se encuentran.

Tras una larga, larguísima espera, reforzada por los estornudos, la tos, los cuchicheos y las risas nerviosas del público, las figuras transgreden el imaginario cordón que las divide de nosotres.

Hubo quienes no se percataron de la rebelión de las figuras, acomodados como estaban en la quimérica seguridad que les prestan la distancia de las cosas raras o la distracción de las pantallas.

Pero, de golpe, la ausencia se impone como lápida, impeliéndonos, sin exactamente proponérnoslo, a mirarnos, en el más absorbente silencio. Buscamos las figuras perdidas porque, después de todo, eso es lo que aprendimos que se hace en el teatro: fijar los ojos en quien actúa, váyase a donde se vaya. Habría que confesar que tememos no tener quién nos dirija. Una y otra y otra vez, sin embargo, nos topamos entre el público sólo con las figuras propias y las desconocidas. A las perdidas no las encontramos.

Sentimos ahora, en esta indagación desesperada que se expande no sabemos por cuánto tiempo, más incomodidad que durante el periodo inicial de la pieza. Mucha más. Cada vez más.

Al silencio inicial lo corta ahora el sonido de una respiración asfixiante, propia de las búsquedas, que, poco a poco, va tornándose –o, al menos, eso nos parece– multitudinaria.

"¡Es la realidad!"

Se escucharon así retumbar las primeras palabras. Pero nunca supimos quién las gritó.

Apagón.

cómo arruinar una isla

el rosa es un color triste

CARTONES Y PLÁSTICOS

diciembre 2019

Hay contextos en que la brea parece una crema de viandas. Podridas, claro está.

Así luce la brea sobre el destartalado puente que separa mi carro del improbable lugar donde, a meses de María, el municipio en el que vivo determinó que la gente llevaría su reciclaje. Hay que tener mucha intimidad con los recovecos para llegar allí. Hay que confiar en que la imaginación boricua, en efecto, no tiene límites para creer que, por aquí, por esta callejuela, atravesando este pastizal, teniendo la clara impresión de que esta ruta no puede llevarte a ninguna parte o, en todo caso, sólo podría conducirte al país de las iguanas de palo, se llega a participar del rito más fundamental, aunque no por eso menos pírrico, de conciencia ecológica: reciclar. Por si fuera poco, los resultados del rito son inciertos porque, al menos a mí, nunca me ha quedado claro si el reciclaje que se entrega en este país de veras se recicla, como tampoco sé a dónde va a parar ni cómo se usa —o cómo no se usa— lo reciclado.

Si logras reunir la suficiente entereza para cruzar la crema de viandas podridas, que tiene el ancho exacto de mi modesto corolla, te toparás con su desembocadura: un abyecto y mohoso vertedero municipal de camiones, guaguas, vehículos de equipo pesado y ranchones abandonados. La basura se acumula por todas partes. Las gomas vacías, estibadas o aún soportando el peso de un cadáver de hierro cualquiera, crían mosquitos con avidez. Y aquí, en uno de los ranchos, se entrega el reciclaje de todo el municipio, cuya astronómica deuda por el manejo de basura fue tema en la prensa nacional a pocos meses del arribo de María.

Antes que una amiga me explicara cómo llegar a este lugar, pasé meses y meses zarandeando reciclaje por las calles del oeste de Puerto Rico. Iba por ahí más pendiente de recipientes con el símbolo de reciclaje que de esperanzas políticas para el país. Abrir un zafacón con el símbolo estampado y soltar allí los cartones o los plásticos constituía un logro personal. Así se sentía, verdaderamente. Sé bien que muchos países pueden facilitar a su ciudadanía la entrega de reciclaje hasta el punto de recogérselo en sus propias casas y, a la vez, ser los mayores contaminantes del planeta. Así es el capital. Pero, al mismo tiempo, también es cierto que ni el más mínimo gesto de conciencia ecológica puede arraigarse si tiene todo a la contra.

Fueron múltiples los viajes infructuosos y los zafacones con el símbolo colocados frente a negocios –gasolineras, ferreterías, restaurantes–, pero cerrados con candados que los dueños se negaban a abrir. Consulté con amistades. Alguien recomendó un lugar en el pueblo vecino, detrás de unas instalaciones deportivas venidas, como tantas cosas, a mucho menos. Allí el reciclaje se confundía con la basura regular. Todo aquel estacionamiento apestaba a vertedero.

Llamé al municipio. Me enviaron a una urbanización "por allí, nena, detrás del cuartel y de la colecturía." Fui. Di vueltas por todas las calles que, aun siendo pocas, parecían cerrarse entre sí. Me dirigí entonces al cuartel. Ya no hay cuartel. Me estacioné en el edificio contiguo –donde ubica la colecturía a la que un año o año y medio antes había ido a comprar sellos– y caminé confiada hacia la puerta de cristal ya conocida. Aquí podrán decirme dónde en esa urbanización es que están los dichosos zafacones del reciclaje, me dije, sudorosa, incrédula, al borde de un ataque de ira que de antemano se sabe inútil. La puerta de cristal estaba clausurada. Sentí mis hombros caer y un peso de dolores sin nombre recorrerme las extremidades. Un amable señor que por allí pasaba prestó atención a mi derrota, por lo que se tomó la iniciativa de explicarme que ya esa colecturía no existía, que estaba todo concentrado en el pueblo vecino, que si necesitaba sellos podía comprarlos en tal banco o en tal farmacia.

Mucho antes de ese ciclo de fracasos, y hasta más o menos un año previo al paso de María, el reciclaje en mi municipio se entregaba, muy razonablemente, en un área aledaña a la pista atlética. La decisión de remover los recipientes de allí fue tan opaca como injustificada. Me obligó a llevar mi reciclaje al Recinto de Mayagüez de la UPR y a unos recipientes que colocó el supermercado más cercano a mi casa. Eso pude hacerlo hasta que en ambos lugares se removieron los recipientes y, en el último, se instaló un letrero que leía (aún lee): "Debido a cambios en el manejo de reciclaje de plásticos y cartón, este establecimiento ya no los recibe. Disculpen los inconvenientes." El RUM, por su parte, nunca informó sus razones.

(Cuando todos los días son una larga y repetida disculpa, ¿el perdón sigue teniendo valor? Cuando nada conviene, ¿hay tal cosa como un inconveniente?)

Había olvidado que el horario del lugar al cruzar el puente destartalado era de lunes a viernes hasta las 2pm. (Inserte aquí la obvia observación de cómo podría mucha gente cumplir con ese horario para entregar su reciclaje.) Gracias a ese olvido, en mis primeras tres ocasiones fui fuera de horario, pasé sin confesarme con nadie, encontré yo solita el ranchón de los recipientes de reciclaje, distribuí mi material por categorías y salí despavorida.

En la segunda ocasión, caía la tarde y, al salir por el portón, contemplé recortadas contra el sol poniente las figuras de tres hombres evidentemente jóvenes, pero vívidamente viejos, hombros caídos, paso lento, loncheras en mano. Allí dentro pasaban –entendí entonces– no sé cuántas personas sus días de trabajo, en tareas que aún se resguardan en el misterio. Recorriendo el pastizal en la dirección contraria, lloré quedamente por los destinos de este lugar, estas islas, esta gente, que tanto amo.

En la tercera ocasión, hace escasamente unos días, bajaba mis cartones del carro cuando apareció un hombre (¿uno de los que salían de su turno en la ocasión anterior?) a reprocharme haberle pasado por el frente –resulta que es el guardia del sitio– "como juan por mi casa, ¡chún!" Él fue quien me puso los puntos sobre las íes respecto al horario. Me explicó que era por mi seguridad. "Ahora mismo," añadió, "facilito se te explota una goma porque tó eso está lleno de clavos." Lo contemplé con un no sé qué de incredulidad y fascinación. Razoné con él sobre lo irrazonable de toda la escena que en ese momento compartíamos, a tantos y tan profundos niveles. Me decía que sí, que sí.

"Miss," me interrumpió cuando ya me montaba de vuelta en el carro. "Cuando es fuera de horario, puede dejar su reciclaje en una picó que yo pongo frente al portón." "¿Así, en la caja de la guagua?," le pregunté. "Sí, ahí mismo, despúes nosotros lo metemos acá."

Una trayectoria de años para entregar cartones y plásticos termina aquí: en una picó que un guardia municipal pone frente a un portón, tras un puente desvencijado, en un oculto vertedero de vehículos motorizados.

Aun así, les aseguro que esa opción se sintió –viniendo por boca de ese guardia triste, que me decía que sí, que sí– como la mejor. Como la única. Como la cierta.

"Perfecto, gracias. Que tenga buenas tardes."

cruzarse

CAMBIARLO TODO ES LENTO

enero 2020

It is not the decline of the West Indies that should engage our sentiment,
but rather their endurance as a perennially fertile hunting ground for
everyone except the people who live there.

—Gordon Rohlehr, pensador guyanés, 1974[16]

Amo estas islas y las lloro y las lloro y las lloro. Se abalanzan y se agolpan y se funden y se coagulan los siglos de saqueo y nos dan ganas de prenderlo todo en fuego.

Nos han atragantado de calma y de espera y de decepción y de abandono y de traición y de miedo y de cólera y nos dan ganas de prenderlo todo en fuego.

Pero me da pánico asolarlo todo como el poder nos ha enseñado. No quiero. Si de algo nos sirve la conciencia histórica, es para saber que una vez desplegamos el horror de la violencia inmisericorde, acabaremos dudando hasta de nuestra sombra y las cabezas que rodarán también serán las nuestras. Tengo que creer que hay otros modos de cambiarlo todo porque hemos cambiado tanto, siempre, aun cuando no lo hayamos deseado.

Quisiera saber las palabras para abarcar esto que llamamos el presente en Puerto Rico. "Temblor," como "promesa," antes

---

[16] Citado en Aaron Kamugisha. *Beyond Coloniality: Citizenship and Freedom in the Caribbean Intellectual Tradition* (Bloomington: Indiana UP, 2019), 64. Lo que escribo es para/sobre "the people who live t/here," que sabemos no son quienes ostentan el poder porque no viven aquí, aunque lo hagan.

me parecían hermosas. Tendremos que inventarnos lenguas y actuar en/por ellas. A la vez, también habremos de recordarnos que los usos habituales de las palabras no las agotan, nunca. Necesitamos creer que es posible volver a *temblar* de amor, que seguimos siendo capaces de *prometer* no cobrar las *deudas* del amor.

Hay otras cosas que tendremos que hacer para cambiarlo todo. Escuchar y abrir, antes de pontificar y clausurar. Tener modestia y sentido autocrítico, antes de hundir la espada trágicamente apresurada, antes de lanzar rayos desde el tope de una cima de superioridad moral y política, acomodando a les demás —sin importar sus voces ni sus versiones ni sus trayectorias ni ninguna forma de evidencia— en las cajitas de los criminales y los enemigos que, de paso, han perdido cualquier sentido diferenciado de proporción y magnitud. Detener el tiempo frenético de la hoguera y de su implacable maquinaria para poder pensar y hacer/nos las preguntas necesarias y muchas veces difíciles —complejas como esta vida lo es— antes de decidir y juzgar.

Respetar en los huesos que todo tiene historia, que no llegamos primero ni somos les mejores, que siempre ha habido gente puesta —puestísima— pal problema, y que con esa gente —en toda su densidad— tenemos deudas de amor que nos han hecho posible vivir. Defender con denuedo que la humanidad es siempre capaz de cambiar —para mejor o para peor, por supuesto— y que el azar existe, razones por las cuales no todo está sujeto a nuestro control ni merece el estatismo de una reja carcelaria. Recordarnos que mientras más alta es la cima, más violenta será la caída.

Tenemos que confiar que nuestras cuerpas son capaces de tanto más –y tan distinto– que ser comandante, soldado y policía, que despedazar y matar. (El poder también nos enseña que podemos matar matando y también sin matar.)

Nos urge seguir creando, sinceramente creando, como hemos sabido hacer tanto y tan hermosamente en este abatido país. También hay pistas en los mundos no humanos que convendría estudiar e imitar: por ejemplo, los principios de simbiosis, colaboración, justicia, proporcionalidad y alcance del daño –y de la cura– por los que se rigen otras especies. Podríamos aprender, incluso, que la quietud, el silencio y la contemplación son, en ciertas condiciones, la resistencia.

¡Seamos animales! (Los usos habituales de las palabras no las agotan, nunca.)

También, la ternura: una política de la ternura y una ternura política. No hay proyecto del poder –llamémosle capital, colonia, racismo, patriarcado, cisheteronorma...– que se fundamente en la ternura, ni que la admita como imprescindible requisito. Y precisamente por ello, una política de la ternura y una ternura política aportarían a cambiarlo todo.

Ante el afán por matarnos que exhibe el poder –el poder con trayectoria indudable, evidencia palpable, proporción, magnitud y alcance desmedidos de recursos y armas para destrozarnos–, opongamos la promesa de las incobrables deudas del amor. Ensanchemos, *quienes vivimos aquí* en el sentido de Rohlehr, la ternura de tenernos, de acompañarnos, de cuidarnos, de pensar juntes los modos en que enfrentaremos el daño, cuando se suscite, para que la reparación sea posible, o al menos imaginable. No agudicemos más la intemperie integral que vive el país destrozando los techos que hemos sido capaces de construirle.

Sé, entiendo en mi carne, que queremos cambiarlo todo, ahora. También yo lo quisiera ahora. No merecemos esta recua de criminales negligentes, ni hoy ni en el pasado ni nunca. Pero jamás un proceso transformador ha sido ahora. La inmóvil lógica generacional que dicta una esencia respectiva de los boomers, los X, los millenials... tiene limitadas solvencia y aplicabilidad. Cambiarlo todo es lento, tiene historia ancestral y requiere nuestros techos.

Quemarlo todo, explotar el planeta con una bomba atómica, tomar el poder con la violencia de un ejército, es rápido, rapidísimo en su ejecución (si descartamos el tiempo requerido para su planificación), pero lento, lentísimo en los días después del día después. La magnitud y el alcance de los efectos que tienen los fuegos asoladores, las bombas atómicas y los ejércitos violentos siguen hoy con nosotros: su lentitud es también asesina, y lo es irreparablemente.

Nuestra especie salió de los peces que salieron de las aves que salieron de... ¡cuánto tiempo para cambiar y para seguirlo haciendo! La lava que explota e irrumpe no responde al acelerado tiempo del capital, sino al lento ritmo de la transformación geológica. El fuego arde, aunque no se vea. Y cuando explota, funda países —islas volcánicas—, tomándose su tiempo.

Me prometo que mi lucha —lenta, ancestral, cobijada— es por una vida en que los daños irreparables no sean. A sabiendas de que es muy improbable, me prometo que mi lucha es por una vida en la que quienes nos afanamos por evitar los daños irreparables no seamos sus protagonistas. Me prometo, en fin, que mi lucha es por una vida otra, en la que todas las criaturas vivas mueran sencillamente porque morir —contra sus usos habituales— es vivir.

Xena del Desierto, la quinceañera

febrero 2020

Regresábamos al oeste de la isla grande, desde la capital, por el norte. Cuando era niña, el trozo de la número 2 que comprende de Isabela a Quebradillas era –casi– toda mi vida. Subir la cuesta del Guajataca desde el Isabela sin *fast foods* era ir en ruta a la ciudad deslumbrante, de algún siglo futuro, Quebradillas, la del *Golden Skillet*, el *Pizza Hut*, la piscina del parador Guajataca o Vistamar y los juegos de los Piratas contra los Gallitos en la cancha vieja. De más grande, con licencia de conducir, recorrer la número 2 en el carro prestado de mi madre se parecía a la mismísima libertad. Muchas veces iba y venía sola a la escuela, visitaba amigas en Quebradillas, Camuy, Hatillo y Arecibo, y me quedaba a dormir en sus casas, fuera del recóndito monte del barrio Llanadas, colindante con San Sebastián, donde vivía. Me hacía adulta como de las mujeres se esperaba en esa ruralía con ínfulas "de sociedad" de los ganaderos de Hatillo, cruzados con las damas soles truncos de Arecibo: maquillarme "con impacto," pasarme bien el *blower*, ponerme faldas cortas, usar tacos, preocuparme por muchachos que en nada me interesaban, aprender a beber "tragos de nena," cantar Ednita en karaoke simulando sensualidad. Entonces, veía *Mirada de mujer* con loca avidez y padecía, en compañía de una amiga de Quebradillas, un insano enchule por Angélica Aragón. Pero nadie nunca supo que esa ruta era también la de mi iniciática telenovela personal. Mi primer gran amor –aunque no lo entendí así hasta varios años después– fue una mujer que no me correspondió. En honor a la verdad, aquello era, al estilo Selena, tremendo amor prohibido.

El día que me ocupa era otro de los tristes. La vitrina de la ruina que hoy es Puerto Rico aparecía, nítida, en ese mismo trozo de la número 2 que antes fue mi salvoconducto. Esa tarde veía "la mismísima libertad" en cantitos incongruentes a través del cristal del carro, repleto de goterones de una lluvia con sol o, más bien, con su caída. La cosa estaba, vamos, de falacia patética.

Poco antes de bajar la cuesta del Guajataca, decidimos aliviar el hambre en un restaurancito a mano derecha que prometía comida fresca hecha en leña. El lugar está en una zona repleta de negocios que una vez fueron, tal vez, exitosos, pero ahora son, seguramente, refugio de toda suerte de criatura desprovista. A su lado hay un *strip mall* en el que todo está abandonado excepto la tienda *Bargain City* –lo que ha sido Puerto Rico por más de 500 años, piensa la cínica en mí. Nos vimos obligadas a reducir la velocidad del carro casi hasta detenernos para entrar al estacionamiento sin dejar la mitad de la carrocería en el boquete planetario que había en la entrada. Tomando en cuenta todo lo anterior, yo, la verdad, no contaba con la frescura ni con la leña. Pero tampoco fui capaz de contar con lo demás.

Habría dos, o a lo sumo cuatro, personas más en el restaurante. Nos sentamos afuera porque Lissette y yo andábamos con nuestro perro viejo y achacoso. En la terracita del lugar no había nadie más. Bueno, aclaro: estaba la gata negra de ojos amarillos y rabo peludo que apareció a los pocos minutos de sentarnos y con quien terminamos compartiendo la mitad del almuerzo. Yo estaba triste, tristísima, y aquella gata, tan a la intemperie, rodeada de tanto abandono, me hizo en el cuerpo un hoyo aún más grande que el de la entrada. Nos contó la mesera que la gata se la pasaba allí y que había alguien del restaurante que quería cogerla "para hacer las cosas bien, vacunarla y chequearla y eso," pero ella no hacía otra cosa que escabullirse. Nosotras constatamos su sana conducta esquiva con la humanidad, pues al acercarse, cada dos minutos, a rogar por comida de la mesa, su cuerpo, esbeltísimo –por no decir en la quilla– sostenía un perfecto y demoledor balance entre el impulso hacia adelante y la huida hacia atrás.

A mí se me fue el hambre nomás sentarme en aquel banco con nuestro perro en la falda y ver la gata aparecer. Intentando disimular mi estado para no arruinar la ocasión, abordé a un hombre que salió a ¿regar? ¿limpiar? con un atomizador una planta, ya maltrecha, en un tiesto de la entrada, para solicitarle que nos trajera cubiertos. Y entonces, aconteció.

Salió a la terraza y de una sola mirada supo que éramos "de las suyas." Digamos que nos dijo que se llamaba Alexander. Primero quiso saber todo sobre Andre, nuestro perro. Ese afán duró muy poco. ¡Alexander tenía tanto, tanto, tantísimo que contarnos sobre su vida con los animales! Nosotras intentábamos escuchar, al paso que alimentar a la gata, prevenir un desencuentro suyo con Andre e intentar comer algo de aquellos platos en los que no había frescura, leña, ni muchas otras cosas.

Al presente, Alexander tiene tres perras. A una la rescató de una vecina maltratante y terminó mudándose de casa por las peleas con la mujer. Otra, no recuerdo cómo llegó a su vida. Y a la tercera, la rescató de una doña que la vendía, de bebé y junto al resto de la camada, en una caja de cartón –"¡¡¡nena!!!, ¿tú me puedes creer eso?"– en un pulguero bajo el sol. A esa perra, digamos que nos dijo que la llamó Xena del Desierto, Alexander la convirtió en modelo. Hoy día, es una profesional, con cuentas propias en redes sociales y sesiones de fotografía en agenda.

Nuestro entusiasta mesero procedió entonces a mostrarnos las fotos del quinceañero de Xena del Desierto. "Fue cuando cumplió siete años porque tú sabes que dicen que los perros tienen siete años más de los que tienen, pues eso son catorce y yo dije, ¡ya eso es más que suficiente para el quinceañero!" En las fotos vimos la limosina en la que Xena llegó a la celebración, los clubes de dueños de la raza de perro de Xena que arribaron en sus *jeeps*, la decoración con terciopelo colgante y diamantes de fantasía, el lugar, con *longue chaise*, destinado a las fotos profesionales de –y con– Xena, el majestuoso traje de cola de la quinceañera (así como sus debidos cambios de ajuar), los invitados de honor con su propio código de vestimenta muy bien obedecido y, por supuesto, los radiantes padres de Xena con sus esmoquin de pingüino y sus *top hats*. Resulta que el quinceañero fue –nos explica Alexander, ahora mesero– su despedida de la profesión de *event planner*. "Todo, todito lo del quinceañero lo hice con mis contactos de toda la vida en ese trabajo."

*

Al escuchar sobre su previa carrera, se me agolpó en la memoria la imagen de aquel florista de Mayagüez, tan amigo de mi adorada abuela paterna, costurera y cocinera estelar, y devota cuidadora de la Catedral. Digamos que se llamaba Johnny. Presente en casi todo evento familiar, Johnny era "soltero" y "simpatiquísimo" –adjetivo, con su debido superlativo, favorito entre mi familia cubana. Se peinaba con brillantina, todo hacia atrás: el *look* lambía 'e vaca, o al menos así le decíamos en Llanadas. Hoy sé que Johnny era de los "raros" –en el sentido amoroso que le adjudico a ese sustantivo– y que la rareza de sus deseos, codificada como soltería, fue siempre el gran elefante blanco en el salón de las fiestas familiares, aquello de lo que nadie nunca habló. Ni siquiera sé si lo hizo el propio Johnny.

Eran los comienzos de los noventa y supongo que desde entonces vengo alojando tristezas en mi pozo. Tal parece que no amainará. Al menos me consuela que el Johnny que hoy tengo enfrente, en Quebradillas, celebra el quinceañero de su Xena del Desierto junto a su compañero y se lo cuenta a dos Johnnys amorosamente avenidas en público. En las fotos, los orgullosos padres se ven sonrientes y complacidos. Felices.

*

Alexander se sonroja por un momento. Esconde la pantalla del celular. Nos mira con complicidad, pero también con leve vergüenza, tan en busca de aprobación como la gata de comida. Nos sigue enredando en la madeja de sus cuentos, ahora suelta pistas de dolores por la relación con su madre, e insiste en revelarnos cómo tanta gente piensa que hacer estas cosas es un gasto innecesario y una charrería y ¡hasta cosas peores! "A mí me han dicho de todo, DE-TO-DO. Pero yo a mis perras las amo y hasta les tengo un cuarto propio. Cada una tiene su cama y su gavetero. ¡Miren el cuarto aquí, qué lindo!" Nos muestra ahora fotos de la domesticidad de Xena, de sus hermanas y de sus papás, e instantáneamente se esfuman las dudas, la vergüenza, la tristeza. Sonríe. Ampliamente. Lo cierto es que no ha parado de sonreír, de suerte que me ha hecho reparar en que tiene una boca vasta, hermosa, como la de Juan Gabriel. Está convencido que nosotras, siendo no-so-tras y no soltando nuestro perro ni en las cuestas, entendemos todo sobre sus gastos innecesarios y sus charrerías y sus cosas peores. Por supuesto, lo hacemos.

Aunque lo que quiero es irrumpir en llanto, lo entiendo. Aunque nunca le celebramos —ni le celebraríamos— el quinceañero a Andre, lo entendemos.

Es más, yo te juro, Alexander, que por tu felicidad y la mía, que ahora son nuestra única, mismísima libertad en este Quebradillas roto, me hubiese pasado bien el *blower*, maquillado "con impacto," puesto tacos altos y un traje de cola, y a todo dar hubiese celebrado a Xena del Desierto, la quinceañera.

BARCO GRANDE, ANDE O NO ANDE
abril 2020

En mi último año de escuela superior, la mayor parte del grupo organizó un viaje "de la clase" a Cancún. No recuerdo bien si la negativa de mis padres a que yo fuera respondió a las premisas que orientaban su estilo de crianza, a que el paquete de la compañía de viajes era muy caro para nuestras finanzas o a ambas. El caso es que –junto a las familias de otras cuatro amigas– propusieron que nos fuéramos en un crucero "por el Caribe," de modo que nosotras pudiésemos también tener un viaje como regalo de graduación. Mis amigas y yo fuimos felices con la idea, y hasta hoy agradezco los esfuerzos que para mi familia supuso llevarla a consecución.

A mis 17 años –y en vista de que nada de esto formaba parte del currículo escolar–, apenas sabía algo del capitalismo, la colonización, la esclavización, el hecho que la industria turística fuera una forma de neocolonialismo en el Caribe, la grave huella ecológica de nuestra especie (¡y del negocio de los cruceros!), ni de tantas otras cosas. Pero cuando el crucero de *Carnival* retornó al puerto de San Juan, supe que nunca más me montaría en un aparato de aquellos.

Había "disfrutado" el viaje, si sólo se considera la forma de alegría y placer que empaca el capitalismo salvaje tal como lo hace con cualquier mercancía. En los cruceros se come y se bebe como si la comida y la bebida cayera del cielo o saliera del agua espontáneamente a todas horas. En los cruceros se va de fiesta todas las noches porque siempre hay conciertos y *shows* –charritos todos los que yo recuerdo, por cierto. En los cruceros se tiene un pajama pari móvil del que te despiertas en camarotes con olorosas toallitas en forma de jirafa o perrito y nunca ves quién las hizo. En los cruceros se está en la piscina lapachando "el gozo" en medio de la inmensidad inabarcable del océano. De los cruceros una se baja todos los días en un *set* de cine de la "isla tropical" con los "cuerpos tropicales" y las "bebidas tropicales" y las "trenzas tropicales." Cuando retornas a tu propia "isla tropical," te das cuenta de que también está empacada y que, no importa cuántas fotos y vídeos hayas tomado esa semana "para recordar," eres incapaz de sostener en la memoria distinción alguna entre una u otra de "las islitas" que supuestamente visitaste. Esta tiendita, ¿dónde fue? Esta playa, ¿cuál era? ¿Qué historia aprendí? ¿Qué economía apoyé? ¿A quién (verdaderamente) conocí?

Si estás en un crucero de los no exclusivos (y, por tanto, de los gigantescos) como la opción barata de hacer turismo y tener vacaciones –era el caso nuestro y sigue siendo el de tantísima gente todos los años–, ni siquiera comes y bebes en "las islitas" porque la comida y bebida están incluidas en el crucero. ¡¿Para qué vas a gastar de más?! El barco hasta te vende los paquetes de paseos en "las islitas," por lo que un jugoso porciento de ese dinero, ¡también va a la línea de crucero! La cosa es tan obscena que los cruceros viajan con "banderas de conveniencia," esto es, con la bandera del país que les ofrezca el mejor *deal*. Ese país puede ser Bahamas, pero sabemos que los dueños verdaderos no están ni cerca de ese archipiélago (o quizá lo estén si son dueños de algún islote o tienen allí su casa número diez mil para vacacionar).

Las corporaciones de cruceros tienen, además, un atroz récord laboral. Un reciente reportaje de Mark Matousek en *Business Insider* informa que la mayor parte de los contratos son de seis u ocho meses para trabajar siete días a la semana por no menos de doce horas diarias. Lo más que puedes ganar trabajando en tales condiciones son $2,000 al mes, pero puede ser tan miserable como $550. Por supuesto, reporta Matousek, los "mercados" de trabajadores para esa explotación son, principalmente, poblaciones en extrema necesidad económica, tales como las del Caribe, las Filipinas y Europa oriental. El periodista añade que sólo el 5% de empleades de cruceros es estadounidense y que ese porciento tiende a tener los mejores trabajos, como director de barco o figura de entretenimiento.[17] Por su parte, *The Intercept* informa que el impuesto por persona que desembarca en los países caribeños que han volcado sus economías al obsceno turismo de lo tropical es, casi invariablemente, menos que lo que le cuesta al país mantener las instalaciones que las compañías de cruceros exigen para detenerse allí. Alleen Brown, la periodista a cargo del reportaje, añade que "las islas caribeñas han intentado exigir colectivamente impuestos justos, pero hasta ahora, la industria ha tenido éxito con la estrategia de divide y vencerás, por lo que toda la región está a los pies de las corporaciones."[18]

[17] Mark Matousek, "Working on a Cruise Ship Can Be Brutal —But Two Lawyers Who Represent Cruise Workers Explain Why Even Terrible Cruise-Ship Jobs Can Be Attractive." *Business Insider* (3 de abril de 2020). https://www.businessinsider.com/why-cruise-ship-workers-take-brutal-jobs-2018-11.
[18] Alleen Brown, "The Cruise Industry Pressured Caribbean Islands to Allow Tourists Onto Their Shores Despite Coronavirus Concerns." *The Intercept* (14 de marzo de 2020). https://theintercept.com/2020/03/14/coronavirus-cruise-ships-caribbean/.

En resumidas cuentas, dejamos en los países que "visitamos" en crucero una estela de explotación económica, racial, ideológica y, muchas veces, sexual. Abalanzamos sobre "el paraíso" más y más degradación ambiental que, irónicamente, lo destruye. Además, lo expone, cada vez más dramáticamente, a los efectos colaterales de la crisis climática –como es el caso de los huracanes *supercharged*– y ecológica –como es el caso del aumento en el riesgo de transmisión y contagio de virus por el desplazamiento de especies y la toma de sus hábitats. Reforzamos el cruel imaginario de "sol y playa" a nuestro servicio para "escapar del frío" u "olvidar las penas," como si allí no viviera gente, ¡y con tantas o más penas! Si acaso, quizá aportamos dos o tres chavitos a la economía local por el bultito, la camiseta y el llavero hechos en China con muchos colores, palmitas y atardeceres. Si tenemos un chin más para gastar, tal vez dejamos par de pesitos con la compra de botellas de ron local, pues nos encanta vivir el cuento de "las islitas" de la intoxicación. Si lo forzamos en Vieques y Culebra, ¿cómo no hacerlo en Aruba?

En estas semanas del triple del trabajo porque es a distancia, de encierro, pánico y mucha reflexión, leo con horror las múltiples noticias de cruceros que, como el Costa Luminosa (que es de *Carnival*), se han convertido en focos móviles de infección y contagio del COVID-19. Se vuelve trágicamente evidente, así, la continuidad entre los barcos de la conquista de la era moderna y los barcos de la conquista de la era contemporánea. Por vía de los primeros, arribaron a nuestro hemisferio, en un prolongado golpe de siglos y, al mismo tiempo, en un garrote instantáneo, enfermedades desconocidas que mataban diariamente miles de personas, el capitalismo mercantil de la más honda y grave "acumulación primitiva" y la esclavización, el genocidio y la misoginia más abyectas y extendidas de la historia de la especie. En los segundos, esa historia está pasteurizada y muches de sus descendientes —como yo—podemos montarnos. Pero los efectos de la pandemia que vivimos y morimos hoy se manifiestan también, simultáneamente, a largo plazo y de cantazo. Seguimos cargando y difundiendo por tierra, por mar y ahora también por aire, la destrucción. Y seguimos prefiriendo el barco grande, aunque no ande.

huevo cósmico

la piel del rastro

Diario *PANDEMONIUM*
agosto 2020

Cinco días después de la primera orden ejecutiva, un niño diverso que yo amo, un niño que vi ser parido entre sangre y gemidos la noche antes de María, un niño que ayudé a cuidar durante las primeras semanas sin agua y sin luz y sin comunicación y sin certeza de nada, logró decir "mamá." El esfuerzo de todo su cuerpo fue necesario para reunir las bocanadas de aire que alientan cada sílaba. Llenos sus dos cachetes hasta reventar, emitió el sonido que a él mismo tomó por sorpresa. Era el sonido de su voz. Por primera vez, su voz, articulada para ejercer una intención de amor. Se agarró la cara con estupor y sonrisas.

Ese "mamá" lo vi en un vídeo en mi celular. Lo vi cada día por muchísimos días. Lo vi tantas y tantas veces, todas tras un pozo de lágrimas y entre carcajadas levemente excesivas. Lo vi hasta que me memoricé el sonido de su voz. Pasé semanas y semanas sin poder aproximarme al niño. Un miedo atroz, denso, aplastante, incluso apasionado, había tomado mi cuerpo por casa: ser vector de contagio de una enfermedad que puede destrozar sin mostrar sus síntomas.

*

En los primeros días encontré guantes en una recóndita esquina de un closet. La casa siempre tiene esquinas desconocidas. Y también, vidas ocultas.

*

81

Esta semana comienzan las clases en línea. Ruego porque no nos enfermemos y porque podamos imponernos al sentido de futilidad que todo adquiere. Extraño mis estudiantes.

A decir verdad, lo que quiero es una educación completamente al margen de calificaciones y acreditaciones y escalas numéricas. Que venga quien quiera y que sólo baste tener pasiones, un sentido indomable de curiosidad y unas ganas locas de cambiar. Creo que eso no sería nunca fútil, aunque se esté al filo del fin del mundo.

*

Leo una biografía de Albizu Campos. Apóstol, peregrino, maestro, héroe, mártir. Todos apelativos que aparecen en el libro de más de 400 páginas. Mucha plaga, visible e invisible, encaró Albizu.

A mí me convocan, además, las mujeres en su vida, de las que poquísimo se sabe y menos se dice. Hay martirios y martirios. Valores y sacrificios y valores y sacrificios.

*

Hoy, Andre, nuestro perro viejo y recién operado, descubrió que, si las tengo entre las yemas de mis dedos de cierta, muy específica, manera, puede comer tres bolitas a la vez en lugar de sólo una mientras sigue con el insoportable cono que le previene de hacerse daño en las heridas. Como resultado, demoramos diez minutos menos en que comiera su porción de la mañana.

Desde hace varios días, nuestra gata, Clara, se acomoda sigilosamente a su lado mientras lo alimento, para acompañarle. Andre ha aceptado con resignación y sosiego esa cercanía que, antes, repudiaba.

*

La queresa, esa costra oscura que se propaga con mucha facilidad —frase que ha dejado de ser inofensiva—, ha cubierto varias plantas, entre ellas una palma y dos crotones, los favoritos de mi abuela, a quien tanto debo. Hoy les lavé los troncos, literalmente, hasta encontrarles algo de verde. Las hojas de los crotones, que son multicolores, también las lavé. Bueno, no todas. De adulta, sigo necesitando práctica en la paciencia.

Pensé mucho en mi abuela. Murió en 1997. La extraño. Lamento no haber entendido tantas cosas hasta que fue tarde. Por ejemplo, me arrepiento de pensar que una mujer cosiendo era una cosa "del pasado." Debí aprender a coser con ella. Y a hacer budín.

*

Hoy dediqué la tarde a leer con indecible conmoción el libro de la historia de Dominga de la Cruz.

*

Martes: día de carros con tablilla cuyo último número es impar. Puedo salir.

Ahora es más difícil comunicar en silencio un saludo amable a cualquier desconocido. Hay que esforzar muchísimo los ojos.

Varios intercambios de amor puntualizaron mi salida, entre los que destaca el de mascarillas por semillas.

*

No sigo las recomendaciones de prevención ni las reglas de distanciamiento social porque "consienta" mecanismos autoritarios, o me repliegue a "la vuelta" del poder del Estado, o de la ideología neoliberal. Los avalúos de ese tipo me ocasionan rabia. Estudio y sigo las recomendaciones precisamente porque no hay Estado, porque nunca lo ha habido, porque lo raquítico que hemos tenido ha sido violentamente desmantelado, porque en Puerto Rico sabemos en la carne que, si no nos cuidamos entre sí, nos dejarán morir.

*

Hoy en sesión de clase en línea escuché perros de estudiantes ladrar y gallos de una vecina cantar. También vi pasar la sombra de gente con la que mis estudiantes conviven. Pensé entonces que igual sí nos estamos acompañando, aunque sea virtualizando cada vez más la vida.

Un estudiante me preguntó, profe, lo que yo quiero saber de verdad es cómo está Andre con todo esto. Casi rompo a llorar en el zoom.

*

Me levanté. Le pedí al susto que me diera ocasión de descansar.

No veo cómo vivir todo esto pueda ser otra cosa que una permanente ondulación, cuando no una caída.

*

A pesar de mis esfuerzos por evadirme del horizonte de "productividad" del capital aun en medio de una pandemia, lo de las clases digitales me ha triplicado el trabajo.

Allá, para quienes el distanciamiento social no es impedimento alguno para seguir con el maldito traqueteo de los chavos y los favores y las componendas y los contratos, parece que les va muy bien porque del Estado, lo único que siempre aparece bien clarito es el armamento militar. Y teniéndose por protegidos tras la convicción de las armas, hacen y deshacen lo que les da la soberana gana.

*

Descubrieron un fósil del huesito de un bracito de un coquí de una pulgada y media en San Sebastián. El fósil se preservó por 29 millones de años. ¡29 millones de años de coquíes!

*

Un mensaje de texto de una exestudiante, ahora amiga muy querida, me informa que me dejó "unas cositas" en la acera del frente de casa.

Salgo en volandas. La cajita contenía:

a. una amapola blanca prendida
b. un ají dulce
c. una semilla (tiene otro nombre) de batata
d. semillas de: arúgula, kale, cilantrillo, remolacha y pepinillo

También venía con una notita que decía "limpié todito, pero pueden desinfectar con amor." Y se despedía diciendo, "les llevo" y un corazoncito.

Yo, por supuesto, rompí a llorar.

Mañana, a sembrar.

*

Mucho tiempo después, me percato que todos los días desde el 16 de marzo amanezco con moretones nuevos o zonas del cuerpo adoloridas. Todos los días choco con algo, me caigo, tumbo algo, tengo un accidente, se me cae otra cosa. Supongo que estoy a punto de un ataque de...

*

Ahora llueve. A cántaros. Me reconforta en un lugar hondo, empozado, en el centro de la cabeza. En la mañana limpié el

85

microondas y la estufa a nivel de pañito embollado en un cuchillo de mesa para llegar bien-bien-bien a los lugares invisibles de la maquinaria, a esos que a nadie importan, pero que son esenciales para su funcionamiento. ¿Por qué quienes tienen a mano todos los cuchillos de mesa para no usarlos como cuchillos, sino como agentes de cuidado de lo invisible-esencial, no sólo siguen haciendo lo primero, sino que convierten los cuchillos en dagas?

*

Según recomendación de una amada amiga agricultora, temprano, al despertar, regué las plantas con agua de cáscaras de guineo y eché cascarones de huevo triturados alrededor de las raíces. Una pequeña área está en curso de convertirse en huerto para algunas de las plántulas que han germinado. Hoy la papaya pasó de tiesto a tierra y ha nacido la primera parcha en la enredadera. Hijitos de sábila también se plantean vivir en otra parte gracias al esfuerzo de mi torso, mis brazos, mis manos en tierra. Se siente en algo como un contracontagio, una entrega de la cuerpa por la promesa de un futuro. Tomé varios minutos para sentir el viento.

*

Estoy teniendo muchos más sueños convulsos. Muchas más pesadillas intolerables. O tal vez es que, de buenas a primeras, tengo gran capacidad de recordarlos cuando despierto. A veces, la desmemoria puede ser la esperanza.

*

Mi tía, que tiene casi 80 años, ha dedicado buena parte de su tiempo, talento y energía desde el 16 de marzo a:

- estudiar en internet todos los modelos de tapabocas —así le llama ella— del mundo y a intentar uno y otro y otro hasta dar con el mejor y más efectivo;
- recopilar todos los retazos de telas guardados de años y años de trabajo de costura por su cuenta (barquitos, pececitos, flores, franjas, huellas de perrito, insectos, peces, ovejitas, circulitos, mahones reciclados, telas de cortina o de tapizar muebles...);
- gestionar que le envíen desde Olazábal en Bayamón a su casa en Mayagüez un rollo de una tela especial que funciona como filtro;[19]
- combinar los retazos de diseño con retazos de color sólido o diseños más sutiles para que las mascarillas sean reversibles;
- cambiar el hilo en su máquina de coser para cada mascarilla con paleta de colores distinta porque, según exclama con pícara ironía, "¡lo mío es la sencillez!;"
- bordarle mensajes y coserle sellitos o cintitas;
- entregarlas olorosas a limpio y perfectamente planchadas;
- no llevar la cuenta de cuántas decenas de mascarillas ya ha repartido;
- producir cada semana una pila de no menos de 100 ya cortadas y agrupadas por diseño para coser;
- no querer cobrar ni un chavo.

*

---

[19] El 21 de octubre de 2022 se anunció en la prensa del país el cierre inminente de la tienda Olazábal.

Desperté y decidí no ver noticias hasta la noche.

Me la pasé: hoy ha sido un mejor día hoy ha sido un mejor día hoy ha sido un mejor día hoy ha sido un mejor día hoy ha sido un me-

Agarré el celular y... el arresto de Giovanni Roberto.

*

Tembló en grande esta mañana. No para de temblar. Tiemblo sin parar.

*

Antes de ayer me acordé de un pañuelito con motivos marinos que le regalaron a Andre hace años en el vet. Vestí a Clara cuando lo encontré. Lissette dijo que parecía una capita de súper heroína. ¡Listo! A la pregunta que de niña aprendí con el Chapulín y a la que no le encontraba respuesta en Puerto Rico, "y ahora, ¿quién podrá defendernos?," ya, por fin, le tengo una: ¡Súper Clara!

*

Hoy tendría reuniones por chat con mis estudiantes. Estoy conectada esperándoles. Se conecta una y hablamos. Mitad su ensayo mitad su estado anímico y su situación familiar. En eso, apagón regional con alcance en múltiples municipios del oeste. Pierdo toda esperanza de que mis estudiantes puedan conectarse. Pero aquí estaré, esperándoles, hasta las cinco de la tarde, de todas formas, por si acaso. Me digo a mí misma que puede ser que yo sea, con una lucecita verde al lado de mi nombre, la única certeza de mis estudiantes hoy.

Mi hermana me informa que tampoco hay agua en Mayagüez. La semana pasada, durante tres días consecutivos, hubo inmensos "fuegos espontáneos" también en Mayagüez.

La luz se fue en tres ocasiones distintas. El apagón de hoy se vislumbra mucho más complicado. La reparación "demorará."

Escasas semanas después, Isaías. Se inunda Mayagüez y buena parte del oeste. Cabo Rojo sigue sin agua, siete días después.

*

Callar no siempre es no decir. No sé cuál es el lenguaje del árbol. Me deslizo por este tiempo sin respuestas. A veces, hasta se me agotan las preguntas. Aspiro al árbol, macizo y elocuente en su silencio, flexible y sagaz para invitar la luz, abierto al anidaje y al enramado.

*

En este tiempo de encierro, no pude salvar un bebé de reinita que, todavía con su piquito abierto, estaba en el nido que cayó de las ramas más bajas del árbol.

En este tiempo de encierro, pude devolver, encaramándome más de diez pies, un bebé de paloma collarina caído del nido que aún seguía en la copa del árbol.

*

Si posas tu herida entre mis manos y me convocas a posar la mía; si nuestro proyecto de amor es coserlas en concierto, dolor y cura; estaré contigo para siempre. Aunque lleguemos a desesperar. Aunque todo cambie. Aunque del futuro sólo nos quede la idea.

celaje en amarillo

LA GATA, LA PLAYA, LA DIGNIDAD
septiembre 2020

La gata que perdió parte de la cola, y quién sabe cuánto más, aparece algunas noches. Se acerca a la casa manteniendo prudente distancia. Toda una estatua, espera mi salida. Me mira. Me dice. O no. Intento escuchar su silencio.

Le canto cancioncitas tontas mientras busco su comida. Ella, impávida. Se aleja un poco más cuando me acerco con el platito. Se detiene a mitad, con las patitas traseras listas para dar el salto de escape, y voltea a ver, a ver si yo, a ver si yo le doy o le quito. Mientras camino, muy despacio, agito el platito para que escuche las bolitas de comida. De todos modos, previene. No creo que pueda creer en amores humanos.

Hace unos años, con ayuda de una querida rescatista, la atrapamos varias semanas después de su más reciente parto, que fue en el patio de casa. La llevamos a vacunar, a esterilizar y a examinar de salud. Mi amiga rescatista se ocupó de los gatitos bebés para que fueran adoptados a través de su fundación. En casa, hicimos todo al alcance para que, a su regreso al barrio, se quedara. O, al menos, que fuera y viniera. Terminé por entender que Safo, como ambiciosamente la habíamos llamado, tenía todas las razones imaginables para no confiar en nuestras buenas intenciones. Lejos de perdonar nuestra audacia de apresarla, se fue de la esquina de casa. La veíamos una que otra vez por calles aledañas. A veces salíamos en su búsqueda, sólo para verla a la distancia. Cuando teníamos éxito, que era casi nunca, nos amelcochábamos. Mi resignación ante su huida tomó mucho tiempo, pero terminó por imponerse.[20]

Ahora, esta segunda vuelta de proximidad ha sido resultado directo de la pandemia. Eso creo. Mientras me quitan los abrazos, se me da la gata. Sé que es irracional. Pero lo creo. Le dejo el platito cuando aparece. Me retiro a la distancia propia del respeto a su reticencia. Ella, una vez constatada mi partida, se acerca, come, en estado de alerta, levantando la vista a cada segundo. Come poquísimo. Pero es algo. Y sigue viva. Tras escasos minutos, su diminuto cuerpo de colores pegado a ojos amarillos se voltea y se va a la intemperie dura y libre de sus noches y sus días.

*

Nononononono, tú sabes que no va a pasar nada, tú sabes que ese ruido no es acecho ni ese otro tampoco, son pajaritos yendo y viniendo, animalitos de mar en lo suyo, intentando sobrevivir la crisis climática y el asedio humano, tú sabes que es de día, es de hecho tempranito, y lo peor peor es de noche, tú sabes que cerca hay apartamentos y te fijaste bien al llegar que había dos, tres personas en sus balcones y un señor limpiando la piscina de ese complejo y hasta te pareció ver a la distancia, allá tras los barrotes de la verja, un guardia de palito dando sus rondas, y seguramente cualquiera de esas personas haría algo si te ve en peligro porque te has colocado deliberadamente en un ángulo en el que pueden verte, aunque pensándolo mejor, la verdad es que están bien lejos, hay más de cien pies de distancia entre esas personas y tú, pero acuérdate que estás corriendo dos, tres veces en semana y seguramente podrías escapar

---

[20] Vea una versión previa de esta historia en "Rescatistas."

rápido, y estacionaste el carro bien cerca y en reversa para que quedara mirando en dirección a la calle y pudieras salir de una vez, y a pesar de que llevas meses y meses esperando este momento en que puedas contemplar cobitos y garzas de mar y dar vueltecitas en el agua y practicar un chin de meditación y hacerte este sencillísimo regalo de cumpleaños en un país que quita de todo, pero al menos aún te da el sol y la playa y la distensión de flotar flotar flotar, dejarte ir, descansar, finalmente descansar, aunque sea un ratito, media hora, voy rápido y vuelvo rápido, ya sabes, a la playita que es aquí cerca, sí sí, tendré el celular a la mano en todo momento, ¿ves?, no podías ponerte a flotar porque ahora no tienes el celular ni las llaves del carro entre los dedos, y flotando descansas del mundo, sí, no lo escuchas y ése es el punto, sí, no escuchar por un ratito, ausentarte, sosegarte, pero si no escuchas, ¿cómo vas a saber si alguien se mete al agua y viene hacia ti?, así que levanta la cabeza, levántala, ay, ese hombre que acaba de llegar haciendo escándalos con su motora en la calma matinal, ¿se va a meter al agua, se va a meter?, correr no te va a servir de mucho estando en el agua, y nadar, nadar, bueno, no te sale tan bien ni tienes tanta estámina para lograr escapar a nado, y de todos modos si te sales a tiempo del agua para prevenir el ataque, por qué rayos te pusiste chanclas de meter el dedo, si sabes que siempre es mejor tener zapatos que te permitan correr rápido, y si tienes que calzar las chanclas a la carrera te vas a resbalar y terminarás dependiendo del guardia de palito o de la señora que pasó horita paseando sus dos perritos, con quien hablaste en parte porque siempre quieres pensar que el encuentro con les demás es de bien y que por qué sospechar nada y que ya tenemos más que suficiente con el pánico al contagio que nos ofrecen les otros como para también no hablarles a diez pies de distancia y con mascarilla, pero sabes que una partecita de ti, la más más, la tan tan, la de adentro adentro, le habló para que ella supiera que tú estabas allí en la playa caminando ese trechito pequeñito, y que estabas sola y que, si pasa algo, ¡qué pesadez la de ese "algo"!, ¡qué carga de lo bien sabido, pero no dicho!, usted sabe, señora, aunque no se lo diga, que quiero que me auxilie y que yo le auxiliaría igual si le pasara a usted porque las mujeres sabemos, y que el señor de la motora es sólo eso, un señor en motora que, como tantos señores y no tan señores, no tiene mucha conciencia sobre las bondades del silencio, pero ¿ves?, ya viste que sólo está contemplando el horizonte, que también quiere despejarse, descansar por fin, ay, chica, pero no te sientas tan mal por eso, no te tortures, la verdad es que tú no quieres pensar mal, no quieres no quieres no quieres, pero están secuestrando y violando y asesinando mujeres, adolescentes y niñas a dos por tres todos los días, y tú además no necesitas ninguna de esas atroces noticias recientes para saberlo porque a las mujeres se nos enseña desde el alumbramiento que de la vida, hay zonas enteras, tiempos profundos, sensaciones amplias, deseos palpitantes, que nos son vedados porque somos mujeres; que nuestros cuerpos son, en sí mismos, concebidos como armas contra su propia integridad y, sí, dignidad; que, aunque "no pase nada," siempre está pasando algo que lo es todo, esto es, el terror, que es una forma de morir, de que se nos violente y de que no lograremos escapar a tiempo.

*

Mirar la pandemia desde la perspectiva de género que la descarada y arrogante ignorancia de César Vázquez y su pervertida noción de dignidad entiende tanto como cualquier otro asunto de gobierno, que es nada, nada de nada, te enseña que el estado de pavor provocado por un "enemigo invisible" que podría matarte, o romperte para siempre, igual por vía de un extraño o de un íntimo conocido, y que, como resultado, te impele al encierro y a privarte de tanta vida, es la condición fundante de las vidas de las mujeres y de las subjetividades feminizadas. Sólo cuando el patriarcado se entienda como un covid milenario, y a César Vázquez y sus secuaces como vectores del contagio mortífero, podremos cesar de tratar estos asuntos como "diversas perspectivas" que se enfrentan en un diálogo democrático y comprender que una de esas visiones persigue, activamente, la explotación y la muerte de la otra, por lo que nunca es diálogo, sino cruzada.

*

Al exclamar, junto a tantas, ¡vivas nos queremos!, me refiero a solas o acompañadas, en la playa y donde nos dé la gana. Y también me refiero a Safo y a todas las gatas como ella.

esquinas rotas

LA BIENVENIDA DESPEDIDA

noviembre 2020

Querida universidad de puerto rico,

Te escribo esta carta a ti, en minúsculas, porque eres la de acá abajo, la de a ras del suelo, la que come tierra, la que se enrolla las mangas, la submarina, la que no está, ni ha estado nunca, en las manos del capital ni del partido. Eres la desacreditada de las agencias reguladoras, la evadida del anodino régimen de comités y reuniones, la que ningún formulario en excel puede contener ni sojuzgar, la ausente en las plantillas de power point, la que, si tiene sangre, es para hervirla de furia contra el poder, la que rebasa la tradición, la que no se somete al uso y costumbre si son sinónimos de daños y perjuicios, la que se fuga de toda directriz del desamor, la que sólo tiene canales de encuentro y nunca de mando, la que, aspirando a la libertad sin concesiones, se enfrenta todos los días a los traficantes de prisiones con doctorado.

Te escribo a ti, aunque concedo que algo hay delirante en escribir cartas a quienes no son propiamente sujetos. Pero, querida mía, lo cierto es que lo eres. Te he mirado a los ojos. He levantado mis puños junto a los tuyos. Nos hemos agarrado las manos, los brazos, las piernas, gritando a boca de jarro, no pasarán. Me he puesto tus camisetas; he pintado tus carteles; y he inventado contigo las consignas. He caminado junto a ti las calles y el ritmo de tu alegría ha vuelto baile nuestros pasos.

En más de un aguacero he combatido a tu lado. Aprendí en tu compañía a estudiar como práctica de vida en vez de como transacción por una cifra. Soy testigo de tu curiosidad, de tus ganas, de tu ímpetu. Sé de tus miedos y de tus luchas. Conozco, desde muy adentro, las tripas de los monstruos que te acechan. Me consta que ningún portón te contiene. Te desparramas por el país como quien no sabe de fronteras, murallas ni límites. Tu vida es la de los sueños por otro futuro, por otro acuerdo, por otro mundo. Tu presupuesto es una educación para la libertad que cuadra su caja cada vez que une estudiante se maravilla, como si recién abriera los ojos al mundo y sólo fuese posible, ante tanta belleza, que se le llenaran de agua.

Te humillan, te saquean, ambicionan ponerte de rodillas, porque bien conocen tu poder. Porque saben que todas y cada una de las luchas por la justicia, la libertad y el bien en este herido archipiélago se deben, no exclusivamente, pero sí en algún lugar y medida, a ti. Porque saben que lo mismo ocurre con todas y cada una de las creaciones, sin importar disciplina, área del saber-sentir, ni currículo establecido, que siguen gestándose contra todo, acá abajo. Porque saben que no hay primaveras ni veranos, escrutinios electorales ni comunidades científicas, insurrecciones energéticas ni defensas de playas, proyectos agroecológicos ni luchas transfeministas, sin ti.

Pretenden no reconocerte, querida mía, pero lo cierto es que te saben capaz de cambiarlo todo.

Por eso, ahora que me marcho de la UPR con mayúsculas, te escribo a ti, indiscutible compañera, para decirte que te llevo conmigo a todas partes. Imagino que los mandamases respirarán aliviados al ver cómo las ruinas que administran siguen vaciándose para que algún campo en el excel del poder "se ajuste y cuadre." Supongo que quienes se prestan para manejar ese teclado viven la obediencia como experiencia erótica. Pero, querida mía, lo nuestro es otra cosa. A nosotras nos encandila otra vida. Te ofrezco, pues, la bienvenida despedida. Acá abajo te espero siempre, pues sé muy bien que nunca tardas en llegar.

enigma

moho

"FELIZ AÑO NUEVO"
enero 2021

Con lo de "feliz año nuevo" suponemos cuentos para fomentar la esperanza. Como lo hacemos todos los días desde el encierro para acá al añadir alimento al envasecito de los gatos callejeros y al cambiarles el agua para que, a su retorno, la encuentren fresca.

Por estas semanas, sin embargo, yo no tengo de esos cuentos. Sólo gatos, manos y temblores.

Bueno, también tengo:
íntimas experiencias con el insomnio,
llantos en mareas,
el efecto de la brisa en la piel,
la contemplación de San Pedritos, vacas, mi perro, mi gata, la gata y el gato de la calle y una serpiente "exótica" de más de tres pies en medio del sendero,
la respiración con intención,
la descarnada sensación de asfixie,
la fatiga, todas,
el estremecimiento de las capas interiores,
todo lo que se requiere para salir a caminar en un país sin aceras,
la idea —que aún no la práctica— de que el tiempo no tiene que ser el del trabajo,
o que el trabajo no tiene que ser la vida,
la confección de un plan de "autocuido" y su fracaso,
el zambullido en el apacible mar del sur que está demasiado frío,

la evasión de las noticias,
la ingesta muy de a poquito, por la náusea,
el corazón palpitando a todo dar en el cielo de la boca,
la búsqueda de la risa,
el intento de que la quietud no sea amenaza,
la aspiración a no sentir culpas, tantas,
la batalla con/tra el miedo,
el recuerdo del juego,
las ganas locas de otro mundo,
las palabras en su demasiado y también en su insuficiente,
las ganas de no sentir tanto, tanto y tanto,
el apetito de, al menos, rozar la convicción por el futuro ante el bombardeo de imágenes del fin,
el diálogo –otra vez– sobre la más reciente inmolación,
la sensación de que la pérdida de sangre a manos propias acabará con nosotres mucho antes que con la opresión,
la emoción invisible que subyuga,
el oleaje del cuerpo y su silencio,
la cada vez más menguada energía para considerar los datos sobre la enfermedad,
la espera por la vacuna y por lo inesperado,
el amor inefable de las inadaptadas con quienes convivo.

Con todo ello, como aquellas paletitas de madera que pegaba de niña con *elmer's glue*, intento construir una casita para el "año nuevo." Habrá que ver si quepo. Y si podré ponerle placas solares y un sistema de recolección de agua de lluvia para cuando sobrevenga el próximo temporal.

garitas preferidas

MINUSCULATURA

marzo 2021

Cuando me volví diminuta y los granos de brea fueron peñones que apenas podía sortear, lo vi todo por primera vez. Tan y tan grande. Tan y tan más. Tan y tan profesional.

La desproporción entre mis facultades y la dureza de lo real se había tornado, así, más dramática que nunca. Entonces, se me exigió la misión.

La magnitud de su urgencia me impuso la carrera. Llegué sin aire, desaforada, destrozada a golpes a causa de la proximidad entre mi cuerpecito y el suelo. No sé si el campanario que precisaba mover era el de la catedral, el de la fortaleza o el de la rectoría. (Las direcciones que me dieron exhibían serios problemas de redacción.)

Empujé y empujé y empujé. Volví a empujar. Y otra vez. Nada.

Otra vez.

Nada de nada.

Entonces opté por volcarme a la consigna: "Minúsculos del mundo, ¡uníos!" Grité a boca de jarro. Volví a gritar. Y otra vez. Nada.

Otra vez.

Nada de nada.

Ya al borde de un ataque de muerte, con mi misión incumplida, arribaron. Vinieron quienes pude ver y quienes no. Un ejército de minúsculos empujaba al pie de aquel campanario.

Había que moverlo a como diera lugar. Tan inmensa elegancia, tan grandiosa tradición, tan excelsa sabiduría terminaría aplastándonos, de otra manera.

NUESTRA SALUD

marzo 2021

Si algo estaba vivo, vivísimo, era el virus, desplazándose en silencio y ¡zas! Sus síntomas podían ser todos y ninguno: los cuerpos comunicando una enfermiza novedad por medio de la sana repetición. Como es evidente, aún existía la palabra "vida." Y, por si fuera poco, le endilgábamos adjetivos extravagantes, como "normal" o "cotidiana."

El tiempo tenía entonces gracia felina. Nadie escuchaba su paso. Nos engañábamos pensando que el encierro era inmóvil. Aunque nada de lo que nos acontecía nos acercaba, la catástrofe, por primera vez, era compartida, o casi.

Sin ponernos exactamente de acuerdo, nosotras acabamos organizando los días, mitad caminando, mitad llorando. Preferimos así no reinventarnos. Nos negamos a aprender nuevos trucos. Los emprendedores insistieron, y cuánto, en nuestra capacidad productiva. Pero ni siquiera nos interesamos por la reproductiva, a no ser que fuera la de nuestra —ante sus ojos— inútil rutina.

En el movimiento de cuerpos aguados de sí, países desconocidos se nos volvieron posibles, nos hicimos compañeras de los animales y los interiores se nos ensancharon. Al fin y al cabo, nosotras no hicimos más que imitar la treta del amenazador, trocando el fulgor de sus efectos y el lenguaje de sus objetos. Nuestra salud fue la delirante repetición que responde al nombre de Amor.

parar el tráfico

TIRAR PAL MONTE
abril 2021

Salir a caminar en Puerto Rico es arriesgar la vida. Y no lo dices sólo por el reconocimiento público de tu cuerpo "de mujer." Eso es lo harto sabido. Lo dices, además, porque en estas islas no hay
espacio
acera
franja
zanja
cepo
rincón
zaguán
esquina
resquicio
cantito
cosita de ná
en la que el cuerpo pueda desplazarse en paz.

Los motores apenas han dejado paisajes sin tomar. Cómo exactamente puede sostenerse una amalgama de carne, hueso y sangre en tales circunstancias es un misterio irresuelto.

Y encima, dependiendo de la hora y del lugar, al caminar sientes más o menos furor, el pozo de una tristeza inabarcable, un pánico insaciable, el desaforado deseo de más y de todo y de nada, y a veces, sí, la traviesa alegría.

Lo cierto es que la vida como proyecto de sentires no es ningún guame. Y amar (en) un lugar desahuciado, ¡ni se diga!

Te envalentonas. Sales de todas formas. Todos los días. O casi.

*

Si logras llegar —seguramente en carro— a algún raro sendero de tierra, quizá escuches el trino de los San Pedritos, contemples mariposas y abejas, y puede que hasta veas vacas y el horizonte. Pero eso, ya sabes, también es sucio difícil en un país tan abierto a la cárcel. La represión no siempre va vestida de macana. Y no ha habido metáfora más preciada en la criolla tradición intelectual del másdelomismo que figurar nuestro mar como cinturón. ¿A que no, insularistas?

¡Qué afán de asfixie! ¡Como si con los últimos quinientosypico de años no fuera suficiente!

Ardorosas criaturas del progreso, de la civilización sobre la barbarie, de lo grandote y continental, con suerte tenemos al alcance de los pies caminos vecinales y calles de urbanización. Aún más suertudas seremos si nuestras urbanizaciones —como es el caso de la tuya en la ruralía— no tienen acceso controlado. Con o sin éste, nuestros destinos serán la brea agreste, un séquito de iguanas sedientas, las ruinas llenas —por memoriosas— y las vacías —por inacabadas—, los esqueletos de varillas sin tripas, la negación de la pequeñez, el desamparo general y la evocación de una cercanía incierta.

Si consigues traspasar los despeñaderos —las más de las veces invisibles— que las irracionales demarcaciones urbanistas provocan, forzada te verás a caminar en las escasas pulgadas que van de uno a otro extremo de la línea blanca en la carretera, como pasarela. ¡Pero cuidado con los boquetes pródigos y las alcantarillas furtivas! Y si nunca te empeñaste en aprender los artilugios de la feminidad en tacos, no sabrás poner bien un pie delante del otro en la franja, por lo que los motores acelerando a toda prisa en su viaje a unas escasas millas más adelante, te obligarán a tirar, como las cabras, pal monte.

Pero no te hagas la víctima, que pal monte es que tú siempre tiras, con o sin motores. El refinamiento, la etiqueta, la elegancia son tus interpretaciones mejor logradas por enteramente falsas. Lo mejor de vivir es hablar con la boca llena, reírse a boca de jarro, proferir urgencias a excesivo volumen, discurrir sobre el baño con la naturalidad que lo harías sobre la cocina, espatarrarse en cualquier esquina y dejar de bañarse de vez en cuando, todas las semanas. En fin, la barbarie.

*

Atorada de sensaciones, caminas encaminada a ninguna parte. Das vueltas. Le pasas a veces por encima y otras por el laíto a las orillas atiborradas de lo descartado y lo muerto. Subes y bajas cuestas. Intentas experimentos irracionales. Prestas atención a la vida térmica y a la existencia –sutil en esta geografía– de las estaciones. Notas el comienzo de las gotas de sudor y por dónde y cómo y cuándo se deslizan. Intentas entender la mecánica de las caderas, las rodillas, los tobillos, los pies. Piensas en circunferencias y espirales.

De a poco y sin proponértelo, te has hecho de señoras amigas que también caminan en el barrio, aunque, como ya quedó estipulado, en este país no se camina, premisa lapidaria esa, hermana de aquella, "aquí no se lee." Una de las señoras tiene perritos salchicha y te saluda mientras le ruega a uno de ellos que no se tire a la calle. Se preocupa por tu bienestar. Te pide que salgas más temprano a caminar. Que estás cogiendo mucho sol.

Que ayer la lluvia no te dejó caminar, ¿verdá? No, ya usté sabe, se hace lo que se puede. Sí, mija, sí. Qué bueno que hoy saliste tempranito. Dios te bendiga, linda. Amén, igual. (¡Dijiste amén, igual! ¡A la verdá que esta mujer te cae bien!) Cuídese, mire que esto de la pandemia está difícil. Ay mija, cuánto cansancio. Ay sí, cuánto. Oiga, me estoy alejando porque como estoy caminando, no tengo mascarilla. No es porque no quiera hablar con usté. Ay mija, yo igual, pero mira, yo tengo mascarillas extra en el bolsillo, ¿tú quieres una? Ay bendito, qué amable, pero mire, descuide, que ya voy regresando a casa. Ah, ya vas regresando... Yo voy a buscar un pancito allí a la gasolinera. Ah, ¿le gusta de agua o sobao? De agua, mija querida. Ah, es rico, sí. Y con mantequilla, no tiene precio. Bueno, pues que tenga buen día y que disfrute su pan. No la detengo más. Tá bien, mija. Hasta lueguito.

Sonrisas. Desafiando los tiempos de la interdicción de la boca, nos vemos los dientes. Quisieras abrazarla. ¡Qué ímpetu! Tú siempre desbordándote, nena.

*

Al regresar de la caminata, escribes a toda prisa listas de acontecimientos y visiones:
el túnel gutural de las palomas
la melodía de una caja de música que viaja al tiempo con un culto de domingo
la cualidad de la luz rindiéndose a la evidencia —otra vez— de tanta ausencia
la batería de un carro sentada en una silla de oficina con rueditas
la moña de regalo en un portón enmohecido
el olor a pollo frito
(o a chuletas)

la peste que a su paso dejan los mofles
la otra peste, la de las criaturas atropelladas
la intimidad sugerida en los portales de tantas casas tristes
los torrentes de lodo y de hojas secas
el sonido de una trompeta y la languidez que lo sostiene
las alcancías de lechoncitos junto a la bandera de puerto rico
el teléfono que fue público y ahora sólo es prueba de la pérdida
prolongada

los letreros de:
    se vende
    reposeída
    se alquila
    for lease
    propiedad privada
    no pase
    acepta a dios y serás salvo
    movimiento victoria ciudadana
    pierluisi gobernador
    NUC University
    ¡matricúlate ya!
    certifícate online en técnico de robótica
    fulano's *exterminating* comején polilla hormigas ratones
    cucarachas
    se limpian muebles
    se arreglan fourtracks
    se venden límbers del país
    hay maví
    ladies always get free admission
    abogado de quiebras

las montañas de chatarra arrojadas en cualquier paraje
el moho recubriéndolo todo
los edificios y las mansiones empezadas y abandonadas
la basura amontonada en las esquinas
la rebosante colección de ruinas
las guineas esquivas junto a las gallinas bravas
el maniquí sentado en un balcón con peluca violeta, gafas
oversized y una tísher que dice "FARISEOS"

los vestigios del imperio que prefiera tu veta de obediente,
suplicante o inocente
los gritos feroces a un niño que no ha recogido sus juguetes o no
ha terminado de comerse los nógets
el perímetro de tiro de la policía junto a la reserva natural del
DRNA junto al campo de golf de una exclusiva urbanización
los gabinetes de cocina al pie de la carretera
el sonido de un coro de estudiantes virtuales repitiéndole el
dictado a la maestra, quien lo da todo desde su sala
los matojos emergiendo entre las grietas del cemento
los muebles en desuso en balcones enrejados

el chinchorro que vive
el chinchorro que muere
los talleres de mecánica y las gomeras y las gasolineras y los
yónkers y los vertederos
los perros que aparecen sin previo aviso
el instante que toma determinar si debes huir o acariciar

las canchas de baloncesto que una vez fueron
la insistencia en palmas reales para patios dos por dos

el trópico que ansía nieve
las verjas coronadas con delfines y leones y sirenas y angelitos
los bloques pintados de terracota junto a las pailas de pintura
adornadas por el musgo
las estibas de gomas descartadas
la bolsita del censo 2020 colgando de una perilla desde aquella
lejana mañana en que alguien confió que el aspecto de casa
abandonada era, tal vez, una injustificada –o hasta prejuiciada–
equivocación

el desmedido sáiclonfens a medio caerse donde nunca debió
erguirse
el colapso de la ilusión
la mentira de las campañas
el alivio de los precios bajos
las orquídeas florecidas
la persistencia de la papaya
los mangós bajitos y los muy altos

el abismo palpitante
galopando
sin consuelo

*

Un día de los muchos en que llorabas caminando saludaste
a una mujer anciana meciéndose en su sillón mientras se tomaba
el cafecito con galletas maría. Las mojaba justo lo preciso para
saborear lo deshecho. Imaginaste que hablaría de ti con pena. Y
hasta que te imitaría con la vecina, paródicas, cada quien en su
lado de la verja. Ay mija, si tú vieras esa muchachita, bueno, yo
digo muchachita, pero quizá es una mujer casada, vetúasaber,

aunque se veía medio machuíta, a la verdá que ya no se sabe quién es qué, jaja, la cosa es que iba ejmelená por la calle, uáaaaa, uáaaaaaaa, moquiando bajo el sol, créeme lo que te digo, quizá ella creía que no iba a darme cuenta, pero mija, actúa malo la pobrecita, en la vida hay que saber esconderse, ¡míyque caminando y llorando a la vez!... ¿Tú puedes creer una cosa así?

Se alegrarán la tarde, supusiste, y de golpe, a fuerza de reír del infortunio, la mañana en el monte se alegró para ti.

el saludo

silvestres

ALLÍ AMAMOS SALVAJEMENTE

junio 2021

Las vi cuando caminaba el otro día por un pedacitito de acera junto a una carretera rural con muchas curvas. La vía es presa de engaño respecto a su identidad. Sobre su superficie, las gomas se desplazan a una velocidad que parecería presumir la PR-52. Es un desafío que una paseante en Puerto Rico contemple el entorno, se deje encandilar por alguna visión, levante la cara y se acontezca de sol. Es desafiante, también.

Así, contra todo pronóstico, las vi. Crucé la calle a toda prisa porque, en esa misma curva, del otro lado, hay un inmenso árbol de mangó, de cuya exuberante generosidad resultaban decenas de frutos rodando por el suelo. Hice una canasta con mi camiseta y recolecté lo que pude, antes de volver a su encuentro. Mientras, ellas habían subido a toda carrera la lomita en la que las tienen encerradas y asomaban sus cabezas gigantescas entre los pelos de alambre de púa. Estoy convencida que anticiparon lo que me proponía al cruzar la calle.

Estrujaron, gatas, sus frentes contra mis manos. Las acaricié. Tomaron cada fruto ofrecido y de un solo bocado, se lo tragaron. Ver muy de cerca las dimensiones de sus dientes me provocó un levísimo temor. Pero ellas lamieron mis manos, mis brazos. Rogaron por más. Les expliqué que se habían acabado los frutos y no busqué otros porque me inquieté pensando que, a causa de mi ignorancia, podía ocasionarles indigestión por exceso. Con la vocecita esa chillona y chiquitera que usamos

117

casi involuntariamente cuando la ternura nos sobrecoge, les dije también que eran bellas y que las quería.

Los carros, durante ese ratito, redujeron la velocidad. Y ellas, las vacas, tesoros nacionales, me vaciaron de toda angustia.

*

La apertura del taller fue una pregunta suya: ¿cantarían conmigo? Durante más de dos horas, en las calles de una ciudad secundaria que alguna vez fue arquetípica del Caribe portuario colonial, cantamos con ella "en honor a los abuelos." Aprendimos el rito de reconocimiento y gratitud a las plantas ("Te veo, te reconozco y te respeto. ¡Gracias!"), que incluye la importante ofrenda de tabaco fresco. Viajamos por conocimientos ancestrales no reconocidos como tales, quizá porque anteponen la ofrenda a la extracción.

Ella nos enseñó que hay vida y pedagogía vegetal hasta en la más improbable de las escenas apocalípticas. Nos aleccionó sobre cómo hacer guarapos y ungüentos y cataplasmas. Nos deslumbró con las capacidades curativas de plantas diversas: el árbol de María, la trinitaria, el yagrumo, el aguacate, la variedad de leguminosas, la higuereta, el meaíto, el árbol de nim, el ilán ilán. Disertó sobre la estupidez del adjetivo "ornamental" y explicó que, "hay que pedir su ayuda sin prisa porque la planta necesita tiempo para dar lo mejor de sí."

Todas eran plantas, arbustos, árboles, aparecidos a nuestro paso. En grietas y ruinas. Detrás de carros funerarios abandonados. En terrenos que yo creía "baldíos," tomados por "yerba mala" y pastizal.

Corteza, hojas, semillas. Cera, aceite, pulpa.

Ya en la última estación del taller, frente a la antigua (y cerrada) escuela Hostos, construida en el tope de una loma, nos encontramos con él. Ella, María Benedetti, etnobotánica, tesoro nacional, le pidió que nos alcanzara algunas flores del ilán ilán. Tras disponerse a ello, casi de inmediato, él nos suplicó: "¡paren, que mi hija me llama!"

Quedó inmóvil, su cuerpo debatido entre petición y llamado. Un brazo en alto agarraba la rama con la que se proponía atender la solicitud de María, mientras el otro impulsaba, en eco, la cabeza ladeada, que protagonizaba una escucha atenta, diría que transfigurada, al llamado.

Superada por mucho nuestra necesidad de flores, desde abajo, en la calle, contemplé la escena, que se suscitaba sobre un muro de al menos ocho pies de altura y bajo el filoso fulgor de nuestro sol a mediodía. De pronto y sin aviso, improvisado como casi todas nuestras creaciones, había irrumpido el teatro en la vida, la vida en el teatro.

Fuimos quedando todes en silencio mientras él, en alerta a la hija ausente, comandaba sin palabras aquel escenario dilapidado. Tuve la sensación de que pasaron muchos, largos minutos.

Emergió eventualmente la minúscula hija del enorme edificio abandonado. Corrió hacia él, quien soltó el ilán ilán para tomarla en sus brazos. Del cuello de la hija colgaba un cascabel y sus renovados maullidos confirmaron, según él nos informó, que necesitaba a su papá.

Veintiséis años llevo yo aquí, procedió, y de aquí no me saca nadie. Esta escuela yo la cuido. Ayer talé –¡a mano, a machete!– tó esto aquí. Señalaba el patio frontal de la escuela, inmenso, en el que se yerguen al menos cuatro árboles de ilán ilán y uno, colosal, de nim. Tras una dramatizada lectura de calle que hicimos mi nueva amiga Fifí y yo de un boletín informativo preparado por María, ya habíamos aprendido que el árbol de nim es el árbol farmacia, dándose todo, dándolo todo.[21]

Ya consolada la hija, él, tesoro nacional, le alcanzó varias flores a María. Repetimos el rito de reconocimiento y gratitud. Cerramos el taller cantando, en un círculo de intenciones.

Debemos este acontecimiento, inmenso en su pequeñez, a la gestión de Bemba PR en Mayagüez. En colaboración con Vueltabajo Teatro, Taller Libertá, ISER Caribe y otros artistas y gestores, Bemba organizó FECA, una feria de arte callejero que incluyó en su programación el taller de etnobotánica, y que forma parte de una constelación de esfuerzos suyos por democratizar, desde y para abajo, el arte, el agua, la electricidad, la conexión a internet, la vegetación...

Al margen del dictamen de la jurisprudencia oficialista, desafiando el régimen sanguinario del capital, en el umbral siempre líquido entre arte y vida, poesía y política, Bemba PR asume el imprescindible desafío: hacernos, día con día, los países soberanos que hemos sido, somos y seremos.[22]

*

Lleva una vida escarbando nuestros otros países, "la patria líquida," "las historias íntimas," entre las piedras, las ruinas, las arenas. Su gesta de archivista anónima, trabazón incesante de conexiones insospechadas, es inigualable en Puerto Rico. Ella junta millares de cantitos, lamenta los muchísimos más que nunca aparecen, y escribe libros incategorizables, tanto como nuestra

---

[21] Un año después, a finales de junio de 2022, la administración del municipio de Mayagüez cortó a mansalva todos estos árboles, con el pretexto de que remodelarían el edificio abandonado de la escuela para otros propósitos. Los árboles estorbaban el "desarrollo."

[22] La gesta continúa. A comienzos de 2023, Bemba PR inauguró, además, el "Espacio Común" de su Taller Lumpen.

realidad política. Y como el insólito hecho de que persistamos, sobrevivamos, aquí, acá.

No sé si algún día pueda abarcar del todo lo que para mis cauces interiores supuso peregrinar al tope de la cima en la que viven la escritora-archivista y su compañero igualmente aguerrido, así como una legión de perras y perros con el amor en la cola. La brisa fría. La neblina en el paisaje de monte sobre monte, reversos de los sumergidos. La conversación oscilante entre alegría y llanto, certeza e inquietud, convicción y duda. Las islas que hilvanamos con palabras y cadencias y entonaciones y gestos mucho más allá y mucho más acá del yo.

Marta Aponte Alsina, tesoro nacional, se pregunta −¿trenza o bucle?− sobre la forma del libro imposible que la ronda. Asume el desafío. Y escribe, aunque no tiene respuestas. Escribe, desafiante.

La miro, con deliberada intensidad, queriéndole decir por encima de la mascarilla tanto más que no puedo.

*

Por lo pronto, a ellas, a él, a ustedes, les escribo:

En nuestra literatura, en nuestras artes, flores, aguas, vacas, gatas, perras, hemos sido, somos y seremos, sí, otra cosa. Allí amamos salvajemente, sin posesión ni explotación, este lugar trágico de extravagante belleza.

gallolinera

más cerca de lo que aparenta

Inventario de la amistad

julio 2021

En la confianza del viento –no de huracán, sino de caricia– y al amparo del inagotable y denso tapiz de presencias que es la vida, hago inventario de la amistad como inesperada y siempre renovada maravilla. A mis amigues me unen amores raros, indispensables, vivificantes, amores capaces de salvarme de la Junta y de LUMA, de los partidos y de la ruina, de la crueldad y de la cizaña, del desaliento y de la desolación. Son las dimensiones de nuestras miradas. La coreografía de nuestros gestos. El ritmo de nuestros espacios. La intimidad de nuestros tiempos. Los tonos de nuestras palabras. Las causas de nuestra risa. La textura de nuestros silencios. La hondura de nuestros encuentros.

*

Mi amiga me escribe que ella se había olvidado de jugar; que ahora lo ha recordado; que se propone no volver a olvidarlo; y que me invita a mí a hacer lo propio.

Así que hacemos cita para buscar San Pedritos mañana en el sendero.

*

Otra amiga me dice que a sus _____ años, puede asegurarme que uno o dos meses de tristeza no son nada en el contexto de una vida; que nadie espera lo que yo quería hacer, así que, si no lo hago, en fin, guarebel; y que, después de todo, seré mejor poeta.

Resoplo, pues yo nunca me he imaginado poeta.
Ella insiste, confía.

*

Sobre Aparecida (Api, de cariño), la minúscula jicotea que llegó al patio de casa y sobre la que armé tremendo melodrama, me dijo la amiga que se disputa con otra el trofeo a los mejores mensajes de voz: ¡para ser tan lenta, se fue bien rápido!

Habilidosa como es para chistes mongos, consiguió mi risa, por supuesto.

*

En sus mensajes de voz esa amiga también me ha:
cantado aguinaldos
contado los pasos
di-vi-di-do-en-sí-la-bas-las-pa-la-bras-que-pien-sa-de-bo-es-cu-char-muy-pe-ro-que-muy-bi-en
repetido lo mismo, pero diferente
postulado preguntas muy serias
ofrecido respuestas hilarantes
reído profundo
reído *light*
hablado en algo que suena muy muy como italiano
hablado en algo que suena muy muy como alemán
tarareado enrevesadas jeringonzas
ofrecido recomendaciones de cura.

*

Para respirar, mi amiga me ofrece la finca donde vive y cuida. También me manda videos de orugas, en vista de que se le ocurrió al despertar –si disculpo su voz fría porque hoy aún no ha hablado con nadie– que las orugas deben pensar

"¡guátdefok!" cuando están en la crisálida sin la más mínima idea de por cuánto tiempo ni con qué resultado.

*

La amiga que se disputa con la previa el trofeo a los mejores mensajes de voz me dice en uno de ellos que Barthes escribió que la amistad es el amor sin el miedo; que no me excuse por mis intensidades porque ¡¡¡nosotras somos asíiiiiii, pasionariasssss!!!

Yo estoy jalta de pedir perdón, añade. Y ríe. Mucho.

*

Esa misma amiga es capaz de conjugar mensajes de cariño con   pérate-deja-doblar-aquí-porque-yo-no-quiero-coger-este-tapón-bródel.

Se escuchan bocinazos.

Sí-sí-pero-dame-un-breaaaaaak-que-yo-voadoblar-por-aquí-más-ná... Nada, cogiendo otra ruta, Bea... Es que estoy aquí en el expreso de camino pa mi casa y ¡no entiendo por qué hay tanto carro!

Yo tampoco, bródel querida, por lo que, como tú, busco otra ruta.

*

Mi amigo me confiesa lo que hace en sus peores momentos. Nombra el mar de sus dudas, el valle de sus miedos, la estepa de sus angustias. Yo lo escucho por el teléfono en la distancia de estos tiempos y siento que se me calientan las manos, agarradas como me las tiene.

*

Una amiga posa su mirada en la mía, que está anegada. Procede: "tú sabes, [nombre de su cariño por mí], que yo siempre estoy." Mientras, comemos cantitos de queso con galletitas.

*

Otra amiga me dice que yo la quiero mejor que ella a sí misma. No es cierto. Yo sólo la quiero como deben quererse
esa voz grave,
esa risa ronca,
esas manos arte,
esos ojos casa.

*

Mirándome cómplice, un amigo me desea "rodadas profundas, cuerpa enfocada, risas liberadoras." Sí, querido mío, el teatro raro-otro-nuestro podrá salvarme muchisísimo más rápido que cualquier chapulín.

*

"Celebro contigo," me escribe una amiga, cuando le contesto a su mensaje amoroso que hoy pude completar una tarea.

Buscando en mí una sonrisa, también envía una fotito de su hija haciendo monerías.

La encuentra.

*

Para la amiga a quien le encantan los GIFs —ella le dice GIFTS—, hago extensas investigaciones. En honor a la verdad, sometería propuestas a entidades filantrópicas para que paguen como es debido por encontrarle a ella más regalos.

*

"Prepositions are hell," le confieso a otro amigo sobre mis incesantes dudas con las preposiciones en inglés. "Jaja. Get out from in between them!," me contesta, al tiempo que corrige mis páginas con cuidado relojero.

*

Una amiga envía una postal por correo que dice, entre otras cosas, que nosotras "completamos" su mundo.

*

Otra amiga está conmigo en la playa contemplando el horizonte a media tarde, acompañando mi llanto quedo, y diciéndome cosas bellas que no recuerdo.

Pero sí lo hago. En el cuarto de atrás las alojo.

No podría hacer otra cosa ante su mirada que tanto se esfuerza, arresmillada por el sol, en llegar a mí.

*

La amiga que me dice poeta me espera una tarde lluviosa con un platito individual –los tiempos del covid– con meriendas varias y un eventual platote con pastel vegetariano y sorullitos de maíz hechos por sus manos.

Me quito la mascarilla a prudente distancia y llegan colibríes a las flores de sus arbustos.

Mucho más tarde en la velada, me he puesto su sombrero de jardinería; me he sentado en un sillón de pajilla sin sentadera; y estoy posando para fotos, rastrillo en mano y muerta de la risa, quién sabe a cuenta de qué.

(Bueno, concedo que hubo tequila de por medio.)

*

Una amiga muy reciente me confiesa que hoy ha escrito en su cuaderno, "¿cómo se puede ser tan insegura?"

Yo, que por los tiempos en que ella me confió tal intimidad, hacía apenas dos o tres cositas aparte de llorar, escribí en el mío, "¿cómo se pudo alguna vez ser tan segura?"

*

Con mi amiga con quien no hablo por meses, hablo todos los días.

*

Otra amiga muy reciente se llena el regazo de carambolas y me las regala. Unos días antes, vimos videos proyectados en una sábana. Unos días después, habló de "trasiego de afectos" en un chat compartido.

*

Enjundiosa, mi amiga me explica su teoría sobre el fin del amor romántico. Todo es tan convincente que, a la pesada carga de "pos" que llevo en la espalda, me resigno a añadir otro.

Al poco tiempo, esa misma amiga me cuenta que ordenó una entrega a domicilio de trufas, champaña y flores.

No puedo evitar el asomo de una sonrisa: fin de la teoría, beibi.

EL PAÍS QUE SOÑAMOS NECESITA A SUS ESTOFONAS[23]

septiembre 2021

Érase una vez la idea de la carrera académica. Si a partir de los dieciocho, completabas "exitosamente" el bachillerato y la escuela graduada, podías aspirar a un trabajo con salario seguro y los así llamados "beneficios" (que son más bien necesidades) por los que lucharon, y entregaron la vida, innumerables compañeres del pasado.

Mas lo que había arrancado en los 70, eso que llamamos el giro neoliberal del capitalismo, se agudizó y expandió lo suficiente como para que, en las postrimerías del siglo XX –que en Puerto Rico coincide con el rossellato y que es, precisamente, alrededor del momento en que mi generación comenzó a cumplir los 18–, esa sucesión de supuestos se quebró como consecuencia de políticas tan capitalistas como las previas, pero que ahora eran cada vez más descarnadas, más irracionales, más sanguinarias. Si algo hoy nos queda claro –por más intolerable que resulte enfrentarlo– es que el capital asegurará la destrucción de las bases mismas que antes lo sostuvieron si lo estima necesario para generar ganancia. No creo que haya ejemplo más contundente que la disposición de los actuales

---

[23] Este texto es un fragmento de la presentación que leí en el *Tercer Encuentro Anual: Hacia la Recuperación Justa*, gestionado por la vital organización *Ayuda Legal Puerto Rico*, y celebrado virtualmente los días 5 y 6 de agosto de 2021. Agradezco especialmente a la Lic. Ariadna Godreau Aubert por la invitación y por su incansable labor de país.

mandamases globales de tirar a pérdida el planeta mismo y financiar "misiones" a Marte. Una escribe estas cosas y parecen guión de serie distópica. La distopía, sin duda, está aquí. Pero no es nuestra. Lo nuestro es otra cosa.

Enseñé por casi una década en la UPR con contratos temporeros, y durante ese periodo me involucré activamente en la lucha por nuestra universidad pública. Ya no estoy ahí. Este año de tantos dolores me he propuesto emanciparme del sacrificio que de forma desproporcionada se nos exige en pos de las instituciones, incluida la de La Izquierda. La UPR ha sido, es y será siempre un nido de sueños, que quede claro. Mas son muches sus constituyentes (como seguramente es también el caso en el Departamento de Educación) que, cada vez más vulneradas por la austeridad y el saqueo de lo común, pueden y quieren ofrendar sus talentos y pasiones a reproducir refugios diversos en otras calles y litorales, y, sobre todo, a hacerlo de modos extrainstitucionales.

Con el fin del cuento de "la carrera," habrá que apostar por la convicción –que no por eso está exenta de muchísimo miedo– de que es posible, y también deseable, tomar para nosotres este presente si nos quitan la idea del futuro; de que es posible, y también deseable, dejarnos tomar por las olas y la sal y el horizonte y las islas y los San Pedritos y la Sierra Bermeja y las ceibas y los tinglares y las flores de maga y el arruí que escapó del zoológico y ustedes y nosotras y las formas de movilización que potenciamos juntes. Para nombrar nuestros sueños, los modos de quedarnos y de retornar, sin duda precisamos tiempos y espacios compartidos, como éste. Pero también nos urge acercarnos con audacia a la imaginación y al pensamiento; no descuidar la curiosidad; generar otros conceptos comunes.

Elaboremos en convivio las listas, los diccionarios, los glosarios, los repasos hacia nuestra "otra cosa." El país-región que soñamos reconoce el estudio, la imaginación y la creación como derechos, poderes políticos y prácticas revolucionarias. Por eso, no pueden estar supeditadas a ninguna institución, aunque siempre son capaces de suscitarse en ellas. Podemos y debemos ejercerlas en todas partes, todos los días, con quienes se arrimen desde la apertura y el amor. Estoy haciendo un llamado: el país que soñamos necesita a sus estofonas.

es malva el color de la memoria

Piedra y playa, cueva y concha

octubre 2021

En la playa de Puerta de Tierra conocida como Bajamar, tras unos minutos de caminata en dirección este y a escasos pies de la plazoleta donde hoy, una vez más, se abre la insalvable trinchera entre la policía militar y nuestros cuerpos desnudos, reclamantes, nos confronta, del lado norte, la ruina de Tajamar, y, del lado sur, una enorme pared de tierras rojas y arenosas. Al Capitolio de Puerto Rico, constato de súbito, lo sostiene un veril a punto de caer. El monumental despliegue de mármol al interior del cual zumban las truculencias de colonia y capital es mueca de permanencia. Caminamos sobre explosiones volcánicas. Ardiendo.

"Erosión de costa elevada" es el nombre que la ciencia otorga a semejante monumento a la transitoriedad, a este decisivo ejemplo, entre tantos, de la acelerada crisis climática. Con la magnífica elevación también se topa abruptamente la arena clara, cada vez más devorada por la mar, la basura, los depósitos de piedras de todo tipo y tamaño, los vestigios de tantos tiempos cruzados, incluyendo las construcciones humanas que han ido colapsando una tras otra desde el tope. Junto a las expuestas raíces de una palmera sobreviviente, levanto los ojos para comprobar que la más reciente construcción sobre la que despreocupadamente caminan turistas y locales pende, literalmente, de un hilo. Me falta el aire. Y a la vez, me sitian unas ganas locas de fundirme con ese sedimento que, a diferencia del cemento y sus violentos desplomes, se erosiona al ritmo de un desplazamiento granular, rodante, insistente, fatal, bello.

*

Estoy aquí invitada por mi amiga, la artista Teresa Hernández, quien labora en la zona como parte de su plataforma de investigación artística *La bravata y otras prácticas erosivas*, en el marco de la segunda fase de la *Puerto Rico Arts Initiative* (PRAI II). El punto focal de nuestra faena estos días es Tajamar, que fungía como bastión defensivo de observación militar en tiempos del imperio español. Sin embargo, la ruina también ha resultado, aun sin proponérselo, una versión pretérita de los rompeolas (taja-mar) o de los enrocados, cuyo objetivo es contener la entrada desmedida del agua; esto es, lo que las playas y los bosques costeros —especialmente los manglares en nuestro entorno tropical— naturalmente hacen si no nos dedicáramos a destruirles.

El brioso oleaje atlántico golpea sin cesar el decadente muro semicircular. El agua se dispersa hacia los lados y hacia abajo, urdiendo recubrimientos de musgo resbaloso, socavando la arena de fondo y generando depósitos laterales que transforman la topografía costera de manera palpable, aunque gradual. De mañana y de tarde, caminamos y trepamos y bordeamos y nos agachamos y nos sentamos y contemplamos y nos estremecemos. Las densidades y las texturas, así como las mareas y las lluvias, se abultan o se contraen en diferentes horarios. El devenir histórico hegemónico de mi-nuestro país nada tiene que ver con su azaroso estar natural. Desparrame descontrolado de saqueo y competencia es la definición más precisa de lo *contra natura*.

Encaramada en el tope de la ruina, y volteando dolorosamente la vista al océano, se agolpan en mi cuerpo los temblores de tanta sangre alojada en sus abismos. Intentando recobrar el balance, asumo una posición horizontal. Mientras tenía órdenes de observar desde aquí la posible aparición de embarcaciones enemigas de sus jefes, ¿algún joven militar puertorriqueño de siglos pasados se habrá abandonado a la contundencia de la brisa, al sabor penetrante del salitre, a la distensión del agua? ¿Cómo es la mirada en desacato? ¿Nos hemos acercado a nuestro lugar en el mundo con otro lente que no sea el imperial? Si la arena es hija de la erosión, si a las playas las hacen los restos de millares de criaturas marinas, si la belleza más plena es así, efímera, ¿por qué le levantamos muros, verjas, piscinas?

Para intentar corresponder al llamado de habitar un viejo fortín de observación imperial, imagino que soy lo que soy: chiquititita y mortal. Mi mirada se enfoca entonces en los resquicios de las formaciones rocosas costeras que ningún humano colocó en su lugar y que aún no hemos derrumbado. Por momentos, cierro los ojos y palpo la brusquedad filosa que el agua es también capaz de ocasionar. Pienso en mi amiga Nicole, nacida con una congénita condición visual que apenas le permite ver, y quien tanto me ha enseñado a mirar. Estas paredes insulares que aún testimonian su filiación a la mar, ¿serán la figuración de emociones escarpadas, cortantes y acogedoras? ¿Habla a través de ellas la mar? ¿Qué siente una isla, erguida y abatida?

Abro los ojos. Adheridos a los bordes ocultos de las tapias, incontables cobitos; suspendidos en las piedras lisas, bajo el embate de las olas, numerosos cangrejitos; aglomerados en las aguas llanas junto a los muros, pueblitos de erizos. La piedra es una sombra que da vida.

*

En esta mañana, he bordeado la ruina pensando que el deseo imperial, insatisfecho y reiterado, es precisamente éste: tajear la mar. Ante la sublime inmensidad atlántica, suponiéndome musgo a la intemperie, me dejo abatir por el golpe de agua.

Regreso a las arenas con otra pregunta. ¿Y qué si nos supiéramos sedimentos en vez de individuos? De pronto, lo entiendo todo sin entender nada. Se me presenta nítido el contraste: abajo, en la orilla liminal, la ruina fáctica del imperio pretérito; arriba, "tierra adentro," la ruina anticipada del imperio actual. Ambos, de monumental ambición y escala. Ambos, repletos de tecnócratas del dinero y la muerte.

Mas en la escala otra, en la de ranuras y surcos, en la de cuevas de bolsillo, prolifera la vida adherida, con-vivida, conocedora de las buenas erosiones, cual erizo mutualista de corales, que nos hacen, sedimentándolos, los litorales. Contra la necrófila erosión del capital y la colonia, la bioerosión de las criaturas pequeñas que depositan piedra y playa. Cueva y concha. Cobijo. Calma. Casa.

PIELES DEBAJO
diciembre 2021

Si al retirarse el agua de la laguna se revela la árida piel del fondo, si la textura de esa piel es de diamantes quebrados, si por las grietas de esos diamantes se avistan los túneles-casas de cobitos, si esos túneles permanecen abiertos al sol tanto como a la sombra, si un poco más allá encuentras un trozo de piel de serpiente mudada, con los mismos diamantes, y, erguida en la caliza, la boca de una concha sin vida arrastrada por las corrientes, y si te tiras al suelo, ligera, mitad impetuosa mitad abatida, con la luz sobrecogiendo el mangle y la uva playera, azotando tu piel descubierta, seca, cruzada por las mismas grietas, repararás entonces que es mucho lo que vibra bajo las pieles muertas, y te dirás, recuerda, recuerda, para que cuando el agua vuelva, no olvides lo que hay debajo.

alegoría del deseo

la fuga

ISMO Y LA ARTISTA

diciembre 2021

Ismo se acerca arenoso. Cobre y estaño. Curtido y cansado. Inclinado y admirado. Quizá excitado.

Nunca se saben las desembocaduras ni los orígenes de las cosas, salvo por sucedáneos. O, con suerte, por sus huellas, original repetición de rastros. Tampoco es aconsejable ceñirse a definiciones establecidas sobre los mundos del deseo.

La salada inmensidad detrás de Ismo se abre a la hora de visión intolerable, mientras él, apocándose adrede, escala la duna hacia ella. Cuerpo de litoral al descampado, Ismo finalmente asume sus carnes de muchas vidas al llegar, aunque manteniendo prudente distancia, ante ella.

Sin abandonar el gesto de reverencia, manifiesta su admiración por la inteligencia de la artista, a quien lleva largo rato observando (¿y escuchando?) a la distancia. Pregunta por la posibilidad de arrodillarse. No espera la respuesta e ignora magnánimamente las subsiguientes peticiones de lo contrario. Hace la genuflexión casi como en esas fotos de libreto baboso. Pero sólo es casi porque Ismo no es un tipo común. Lo de él no es el matrimonio.

Es mediodía en el trópico y, de rodillas en la arena que abrasa, Ismo interesa saber, tomando en cuenta su genio, qué piensa la artista sobre la luna y las estrellas. La pregunta es muy seria. Ismo trae en su bolsillo un regalo que, toda vez que ofrenda ante un altar, también haría las veces de fehaciente demostración de lo mucho que le ocupa la cuestión de los astros. En su mano extendida hacia ella, Ismo encueva una cadena con lunitas y estrellitas colgantes que chispean al sol como los piquitos de agua en la playa inquieta. Ismo quiere, incluso aconseja, que la artista se abroche la pulsera en el tobillo izquierdo.

Inteligencia insular-ismo, la artista había estado bailando con el agua en una pocita de chapuzones rodeada de piedras estriadas a cuyo cobijo los erizos hacen guardia. A la artista le encantan la luna, las estrellas y la gorra de Ismo, según le informa tras una amplia sonrisa. Comulga, sí, por supuesto, con su asombro por lo que pende del cielo inexorable. Pero lo de ponerse pulseras en el tobillo –*chist*, cambio de tono, refilón de mirada, diciéndole con todo ojaláquenoteofendas sin decirlo– no es lo suyo.

Ismo insiste, mas no tanto. Es cuidadoso en su arrojo. Acaba pronto por retirarse, duna abajo, no se sabe si con alguna sensación de triunfo. Al menos puede decirse que su inquietud por los astros se sabrá ahora acompañada. Si de a poquito nada es igual, es bueno, supongo. O, al menos, es menos malo que cuando nada es igual todo de cantazo.

Tales apuestas con la escala de los cambios y con el cambio de las escalas bien pueden parecer necias, infantiles, incluso. En mi defensa, sólo diré que las hijas de colonia y huracán aprenden forzosamente a inventar minúsculas celebraciones, como esas de *lo menos malo*.

De todo esto –ya que de súbito hablo de mí– sólo soy la azarosa testigo. Inadvertida. Memoriosa. Y tan sujeta a los misterios celestiales –y a los ismos– como la que más.

alzar el vuelo

GARZAS
diciembre 2021

A veces me dejo conducir por garzas solitarias. Me internan, guías persuasivas, en callejones repletos de varillas enmohecidas y tercos pastizales. Seducida por su alargada rareza, me he visto seguirlas, solas, ellas y yo, olvidadas de las madejas adoloridas bajo nuestras alas casi rotas.

Podría decirse que es el cuello y no las patas de una garza lo que camina, frágil curva a expensas de manos que no tuerzan. Como casi toda ave, es criatura de lateral mirada. Cuando he logrado cruzar, sostener, los míos con su ojo minúsculo, impávido, he creído advertir que conocen la salida de los sin salidas. Y ansío ser su estudiante. Que ese pico desmedido me lo enseñe todo.

En la soledad absoluta en la que vibra su graznido, su blanquísimo plumaje fulgurado por el sol de este mediodía inclemente, tomado el escenario, país en ruinas, como un todo-suyo, ¿cuál será el deseo de esta garza?

Alza ahora un vuelo acompasado, me arriesgo a decir que inesperado, a ras de tierra, sin aparente ambición. Pero se mueve. Y me deja. Las vacas, ¿la aguardarán?

AIRE Y AGUA
enero 2022

De la tienda en la gasolinera emerge un hombre sesentón con mascarilla azul desechable, pantalón gris de poliéster y camisa desgastada, de colores opacos, eco cansado del estilo aparecido en el Puerto Rico de los noventa con La Gran Vía. Como quien ha encarnado esta secuencia largamente, abre el baúl de su Toyota Corolla azul marino, también finisecular, bien cuidado, a través de cuyo cristal diviso el letrero rojo y amarillo que dice, "Aire y Agua." Con celeridad, saca un pequeño rociador de tiempos pandémicos y lo coloca sobre la capota. Ejecuta entonces la coreografía del *self-service*. Puntualiza cada movimiento lanzando brevísimas y furtivas miradas —ésas de "por seguridad," que es lo mismo que decir, por miedo— a su alrededor.

Concluida la forzosa tarea en país de dílers y yónkers, el hombre usa profusamente el rociador, frotando con determinación las palmas de sus manos. Justo antes de abrir la puerta del conductor para unirse al torrente inacabable de la número 2, rocía también sus pies diminutos. Son cuatro. El cuerpecito con cola va vestido con chaleco de algodón de un amarillo sin brillo.

El hombre ha completado todos los movimientos con un solo brazo. El otro, comprometido en ángulo de noventa grados, carga un chihuahua imprescindible al costado.

digna

pequeña oda

El plan de ajuste de los cobitos

enero 2022

Las personas puente son multitudes de minúsculos cobitos. Entre millares de granos erosionados, emergiendo y encuevando, labran vínculos, toda vez que en sus espaldas cargan la espiral, forma-casa de la vida, enrevesada, paradójica. Los cobitos, quienes juntos y desaforados en el litoral desovan al cobijo de cíclicas noches anuales, saben lo más íntimo de las arenas, huellas de lo remoto, a un tiempo ahuecado por aguas pasadas y rebosante de aguas por venir. También se saben —no pueden por menos— al continuo borde de la muerte bajo el pisotón de las personas muro que, por omisión o voluntad, no les ven.

A este cúmulo de islas y aguas que llamamos país le sobran cobitos, nuestras personas puente. Son movimientos aparecidos y desaparecidos; activistas a toda hora y de toda procedencia, quienes ponen sus talentos, trabajos, voluntades al servicio de las mayorías (casi del todo) aplastadas; artistas que responden sólo a la vocación de su pasión; gestorxs que convocan, enlazan y crean. Son quienes escriben, investigan, analizan y fiscalizan con la mira más vigorosa puesta por encima y hacia arriba, no para los lados y hacia abajo. Aquellas que, desde el compromiso con-por otra vida, se arriesgan asumiendo portavocías públicas, quienes lideran desde el horizonte y se saben tan efímeras como un nombre trazado en la arena y tan resistentes como esa misma, mutable, honda, superficie. Son los juntes que convocan y acompañan en la protesta, en la defensa, en la denuncia.

145

Quienes siembran, cosechan, alimentan. Quienes entre sí sanan, ríen y nutren, rescatando escuelas, calles y cuerpos. Quienes se comprometen con el amor, así como con la lentitud, fortaleza y anonimato de sus efectos. Quienes aún insisten en la dignidad. Quienes señalan desde la ternura, a sabiendas de que ya ha corrido tanta sangre, y de que todo apunta a que seguirá corriendo, pese a nuestras mejores intenciones.

Hoy, aquí, en esta modesta escritura de desesperanza esperanzada, reconozco y agradezco a una porción particular de nuestras multitudes minúsculas, nuestras personas puente, cobitos incansables. Se trata de los cuerpos, ímpetus y destrezas, entregas, pasiones e inteligencias, convocadas bajo el nombre de Frente Ciudadano por la Auditoría de la Deuda, coalición creada —recordemos— en el nefasto 2016 de PROMESA para apoyar, difundir y concienciar al respecto de los trabajos de la Comisión para la Auditoría Integral del Crédito Público. Esta última, que fuera disuelta por la administración Rosselló-PNP en el 2017 a pesar de que el Frente, entre otros esfuerzos, levantó evidencia de 140,000 personas en apoyo y defensa del carácter imprescindible de la Comisión, había sido habilitada por la Ley 97 de 2015. Sin embargo, la propia administración García Padilla-PPD de aquel momento, que reconociera públicamente la imposibilidad de pagar la deuda, se encargó de ralentizar y entorpecer su trabajo. La Comisión, de todas formas, llegó a preparar y divulgar dos informes advirtiendo que buena parte de la alucinante suma de la deuda de Puerto Rico pudo haberse emitido de manera ilegal, y, por tanto, podría ser anulable. El Frente se suscita entonces, compuesto por personas de múltiples sectores profesionales, comunitarios, ambientales, estudiantiles, cooperativistas, sindicales, artísticos, entre otros, para encarnar la dignidad de todo un país que, como tantos del Sur Global, se ve exprimido hasta el asfixie por "la deuda" como truco que multiplica riquezas para unos pocos y desposesión para les muches. ¡Quienes "no tienen para pagar," no hacen otra cosa que dar!

Mi memoria sobre todo lo anterior me la refresca la licenciada Eva Prados Rodríguez, una de las guerreras más admirables del Puerto Rico contemporáneo. Toda vez que insiste en mantener nuestra conciencia internacional, recordándome que el Frente forma parte del Comité para la Abolición de las Deudas Ilegítimas (CADTM), Eva me explica que a la coalición le interesó desde el inicio girar la conversación pública sobre "la crisis" y "la deuda." La pregunta debía ser, señala Eva, si debemos pagar, y no cuánto. A la impugnación de la legitimidad de "la deuda," así como al engorroso proceso de probarlo, había que añadir que, de todas formas, sin que mediara previo proceso en justa representación del pueblo, ya estábamos pagándola (¡y con creces!). Las medidas draconianas de "austeridad" que se remontaban a la administración Fortuño-PNP habían inaugurado el patrón: para las mayorías del país, desahucio, mientras que, para las minorías, abultamiento. Para las mayorías, monumental atropello a los derechos humanos más básicos, mientras que, para las minorías, descomunal tumbe en pos de la más obscena opulencia.

Como miles de cobitos en las arenas, desde aquel momento hasta hoy, el Frente no ha hecho otra cosa que laborar, crear y movilizar. Tras la disolución rossellista de la Comisión, el Frente gestó la creación de una comisión alternativa, ciudadana, para la auditoría integral del crédito público. No ha cesado de enlazar voluntades, movimientos y organizaciones con el objetivo de generar acciones y palabras colectivas para contrarrestar la línea hegemónica del poder, que responsabiliza al pueblo de aquello que lo mata. No ha amainado su ventolera investigativa, de denuncia, protesta, movilización, reclamo y defensa de todo lo vivo en Puerto Rico, en todos los foros posibles.

Como me recuerda Eva, la mismísima Junta de Control Fiscal reconoció en el tribunal la emisión ilegal de buena parte de la deuda de Puerto Rico. Aun así, es artífice, con la complicidad de la impresentable legislatura local y de la rama judicial de los EEUU, de un "acuerdo de pago," "como si nada." De hecho, si involucrarse de manera directa en el Frente le ha permitido a Eva *ver* algo, es "el esquema de explotación económica que tiene el mercado financiero estadounidense sobre Puerto Rico. Es totalmente antiético y deshumanizante. El interés de lucro está por encima de la vida de todo un pueblo." En resumidas cuentas, como en cualquier serie de intrigas político-capitalistas, pero peor, porque nosotres somos de carne y hueso, el "plan de ajuste" se empujó con la violencia y celeridad que se hizo para evitar procesar judicialmente a bancos e intermediarios involucrados.

Y precisamente por ello, insiste Eva, seguimos y seguiremos. "Yo llegué al junte [se refiere al Frente] en representación del Movimiento Amplio de Mujeres y hoy me ocupa completamente porque al final, trabajas en la defensa de los derechos humanos de todes." El Frente encamina ahora el análisis minucioso –y la organización necesaria para impugnar y detener– los modos en que se pretende desembolsar a bonistas buitres según el nuevo modelo de pago bajo el "plan de ajuste" aprobado en el foro ilegítimo presidido por la Jueza Swain. El Frente se prepara, así, para lo que Eva describe como "una nueva etapa de crisis," que, desde arriba, se pretende encarar con aun mayores sacrificios de las mayorías, como es el caso de las pensiones saqueadas, la destrucción de la UPR, el ataque a los municipios, el "plan de ajuste" de la AEE que se avecina, el desplazamiento explícito y sutil, todas las violencias intrínsecas a lo anterior, y la creciente imposibilidad de imaginar y sostener la vida aquí, ahora.

Sin aire, pero de pie, reitero, reiteramos: gracias a todes quienes han forjado el Frente Ciudadano por la Auditoría de la Deuda, así como otros esfuerzos y llamas vinculadas, tales como la campaña Construyamos Otro Acuerdo y el junte de voluntades de *Defend Puerto Rico*, para acompañarnos y defendernos –y para continuar haciéndolo– en el deliberadamente obtuso e inaccesible mundo de "la crisis" y "la deuda." Gracias por su incansable labor. Gracias por sostenernos de pies y de manos. Gracias por recordarnos que las personas muro caen y caerán. Gracias por conseguir mucho, muchísimo, con tanto, tantísimo, apostando en su contra. Gracias por hacer para nosotres el gigantesco trabajo de traducción de mundos y lenguajes –"la economía," "la deuda," "el plan," "la ley"– que son inaccesibles adrede. Su mira, su perspectiva, su hilar, han estado siempre en lo esencial: la lucha por otra vida, en pos de la que han sacrificado, intuyo, hasta lo inconcebible. Con ustedes emergemos y nos encuevamos, confiadas en el plan de ajuste de los cobitos: desovar en la arena, abrazar la memoria de aguas pasadas y anticipar, anhelantes, las que vendrán, liberadas.

botella al mar

lo que fue

NUESTRA MÁS HONDA AFINIDAD, ANTES Y AHORA, ES LA TRISTEZA

febrero 2022

¡Próximo! ¡Próximooo! Lo gritaba mientras seguía raspa y raspa el canto de hielo y las gotas de sudor chorreaban de su antebrazo, ¿te acuerdas? Es que antes no había covid. A la verdad que yo no sé cómo sobrevivimos. Te digo una cosa, el sirope era como un milagro. Ay mi madre, aquellas piraguas sí que eran buenas. ¿Y te acuerdas de la cosita aquella de metal que usaban, que era como un copito, y se la ponían por encima, crsttt, crstttt? ¡Ah, sí, chico, pa que quedara formaíta en triángulo la piragua! Acho, mano, qué buenas eran aquellas piraguas de antes...

¿Y qué tú me dices del sitio aquel que se llamaba *Chicken Palace*? Es verdad que se comía sándwich con mosca y la peste a grasa no se te iba en tres días, pero avemaría, ¡qué muchas jarteras me di yo allí! ¿Te acuerdas del sitio que te digo, el que estaba a la orilla del mar, donde ahora lo cambiaron tó?

Mayagüez era otra cosa cuando estaba lleno de tiendas, bródel. ¿Te acuerdas que de tanta gente caminando por las aceras, había que tirarse a la calle pa poder pasar? ¿Y qué tú me dices del mol? ¡Era igual! Tó lleno de gente. Ahhh, sí, esperábamos las vitrinas de Navidad de González Padín tó el año. ¡Qué cosa linda era aquella!

*

A razón de la demografía y de la ideología, nuestro junte era improbable. Compartíamos, eso sí, la extrañeza, el desconcierto, la sensación fuera-de-lugar. Y también algo más, que descubrí quizá muy tarde.

Un objeto a destiempo, cada vez más obsoleto, provocó la reunión: una carta a vuelta de correo postal, impresa con letra clásica de maquinilla, en papel dobladito tamaño legal. Se nos citaba al tribunal a primera hora de la mañana dentro de tres días. "Proceso de selección de jurado." Debíamos estar prevenidos de que, si no llegábamos, habríamos cometido delito. El Estado cumpliría una orden de diligenciamiento y nos multaría por no menos de quinientos pesos. Además de tener mascarilla puesta EN TODO MOMENTO, se nos recomendaba llevar abrigo y merienda.

Prefigurando el indudable *leit motif* de la larguísima jornada de espera en el tribunal, la carta parecía decir "las cosas ya no son como antes." Además del colectivo cuenterío —que fue desde los modos de crianza de antes, hasta la comida de ahora, pasando por los comercios de antes y llegando a los "muchachos de ahora, que no quieren trabajar"— el alguacil pronto ratificó la exhortación de la carta cuando relató, con la confirmación general de quienes hace años habían experimentado "el proceso," que antes había café, jugo y almuerzo para los candidatos. Y no eran sándwiches pelaos. Era un almuerzo completo, ¡arroz, habichuelas y carne! Ahora a duras penas hay una máquina de agua de esas de tomársela en conito de papel. Y si quieren agua, me tienen que avisar porque no pueden andar solos por ahí por el pasillo.

Alguien exclamó que de esa agua no bebería. Que estaría contaminada. Que si no había alguna máquina para comprar una botella.

Me entristeció el plástico de su fe, ahora.

*

Espejuelos ahumados encima de la doble mascarilla, libro sobre la historia del caminar en mano, lapicito nervioso tomando notas en código, caminatas breves en líneas de ida y vuelta, yo rogaba olvidar lo menos posible de aquella escena mientras escuchaba a mis compañeros entretener con los antes y los ahoras la incomprensible demora. Me debatía —lo confieso— entre quien ansía el silencio propio de los encerrados en las pantallas del celular (así podría leer mi libro en paz) y quien quiere azuzar, si bien con cierto miedito de lo que pueda surgir y no necesariamente quiera escuchar, esa campechanería en cascada de ciertas generaciones en Puerto Rico. Los exabruptos vinculados con la comida, sobre todo, me hacían reír, y mucho. Disfruto el desmesurado hablar-comer boricua tanto como detesto nuestra sumisión al bipartidismo o nuestra inconciencia sobre otros seres vivos.

En uno de mis minúsculos actos de rebeldía, me asomé a un cuartito lateral, donde encontré una escultura alucinante de decenas de sillas de oficina encaramadas unas sobre otras. Decomisadas, supongo. Sin reparar. ¿Irreparables?

La punitiva noción de justicia que la equipara con vigilancia, control y castigo es un eterno, atroz juego de la sillita, pero peor. Se nos promete que, tras cada musiquita del miedo, alguien sin aire podrá descansar ("se hizo justicia"). Pero no paran nunca la carrera ni la musiquita. Tampoco hay silla disponible.

Nunca, descanso. Nunca, reparación. Antes ni ahora.

*

Anoto: mi padre tuvo dos tiendas de ropa (una perdida en un fuego y la otra en una quiebra) en ese casco del pueblo

153

de Mayagüez, tan anhelado en este inhóspito salón de ahora, y que yo viví, sí, en la niñez. Luego, durante los últimos aletazos de González Padín en el Puerto Rico de los noventa, fue gerente de sus sucursales en el Arecibo Mall y en el Mayagüez Mall. Después de la quiebra de Padín, fueron muchas más las sucesivas, tanto en mi familia como en el país. Ahora, el Mayagüez Mall, como el centro del pueblo, está lleno de locales vacíos, se lamentan quienes conversan, y las vitrinas de Navidad, bendito, no son ni la sombra...

Hasta el ABC del mercado abandona este barco, advierto en mi libretita. Pero estoy harta de las metáforas coloniales sobre barcos y naufragios e islas desiertas, que nunca lo son. ¿Cuáles son las metáforas para esta devastación nuestra? ¿Las que no arremeten, otra vez, contra islas y mares?

El caso es que, sin duda, ahora el capital es mucho más fantasmagórico que lo que Marx dijo, con razón, que era la mercancía. Flechitas y numeritos de inversión. Fórmulas de especulación. Criptodinero. *Influencers* de algoritmos. Corporaciones espectrales. Cuentas de embuste en algún archipiélago desahuciado que no encuentra otra salida que no sea ofrecerle a los desalmados un "paraíso" para su evasión contributiva. Uno de los resultados evidentes es el vaciamiento de tradicionales espacios de concentración de capital, toda vez que se atiborra la opulencia en zonas antes descartadas.

De todas formas, si bien enfrentada a nuestro presente cruel, y anhelante, claro que sí, de aquellas piraguas de antes, hay poco de los "antes" en esta conversación que no me estruje los adentros. Me lastima que para treinta personas de la ruralía puertorriqueña —a quienes pertenezco, de quienes siento que soy— un torrente de tiendas abiertas conforma buena porción de su recuerdo del bienestar del país.

Hay ruinas que no son de hoy. Tampoco acaban nunca de ser del pasado.

*

Alguien en mi imaginación grita en medio del salón. Se rebela contra la fila en la que nos colocan en dirección a la sala del juicio. Se abalanza a los pasillos y llena de versos las yermas paredes de mármol. Arenga que el opuesto del desamparo del presente no son las vitrinas del pasado, sino algo intangible, para siempre desconocido, irreconocible por el mercado. No tiene nombre, mas se parece al denuedo con el que, en este tribunal de encierro, la mujer de pelo blanco en trenzas, vestida con *leggins* amarillos, blusa violeta y tenis de arcoíris, confía en los colores.

*

Tras un primer día ocho a cinco, llego a la segunda jornada y logro sentarme, toda de negro, junto a ella. En dos horas, nos despachan porque "el caso se resolvió de otra manera y el acusado renunció a su derecho a juicio por jurado."

La mujer me mira de arriba a abajo. Me dejo mirar. No es incómodo.

Ella se lanza primero. Oye nena, ¿y tú cómo estás? Aquí en la brega... como usted... me imagino. Sí, mija...

Nos miramos entornadas por encima de los espejuelos, de la mascarilla, del desconocernos conociéndonos.

Sus ojos, cuyos párpados, noto ahora, están pintados de fucsia, son vitrales astillados. Y los míos, el boceto inacabado de un cubista menor.

Nuestra más honda afinidad, antes y ahora, es la tristeza.

*

Y eso, que no he dicho nada sobre el caso.

PERO NO

marzo 2022

Dijo el artista de larga trayectoria: "en la pieza soy yo, pero no soy yo."

Las aguas sobrevienen, derretidos los hielos e interrumpidos los torrentes anónimos, invisibles, vastos, que llamamos naturales. Las inundaciones se elevan en pequeñas islas y en "islas continentes." La planificación de la miseria es feroz y descarnada. Otro arrasamiento de tanque y misil estalla los ojos de por sí ya llenos de lágrimas. Las fotos muestran perros alucinados entre chispas aún humeantes del bombardeo. De norte a sur. De este a oeste.

La gente que lo ha hecho todo por cambiar una gota se nos muere en incesantes infartos. Y nuestra ingratitud es tal que siempre encuentra aquello que no hizo. Los movimientos, los vínculos se quiebran —muerte súbita, puñetazo, o prolongada, sumidero— en la contienda entre yos que en los pero-no-soy-yos sólo perciben ataques mortales o amores cósmicos. Y lo cósmico se torna mortal con un *click* o un DM, insólita y fácil ingravidez que desafía así la promulgada intensidad de la emoción.

Porfiamos y acusamos y destripamos como si lo hubiéramos vivido todo, aunque siempre —vida que muere como somos— estemos acabando de llegar. Aunque no seamos más que un cúmulo de intentos y errores.

Nos tememos cada vez más quienes no decidimos adónde van los fondos; quienes no ocasionamos el apocalipsis climático;

quienes dejamos la vida en el ruedo por contrarrestar la injusticia, el hambre y la pena; quienes no lanzamos bombas con drones; quienes queremos, no nos cabe duda, el bien.

Regresé, dolida, y el arte, lento, me sacó de mí.

Dijo el artista de larga trayectoria: "en la pieza soy yo, pero no soy yo."

archipiélago

diagonal insular

Un perro, la vida

abril 2022

A las dos de la mañana, en la más honda oscuridad, te busco. ¿Te sueño o te toco? ¿Es el cuerpo de la memoria o la memoria del cuerpo la que te encuentra?

Palpo el costillar de un vientre disminuido. No los veo, pero siento mis dedos ondular. Dicta el ritmo la acompasada respiración del cansancio. Creo incluso percibir el tibio roce de tu pelaje en el dorso de mi pierna izquierda.

Dormido.

Eso.

Dormido.

*

A tientas me obligo a decirme la verdad.

No estás.

Pero sí. Tanto. Dondequiera.

Una marejada de llanto se me abalanza. Soy incapaz de oponer defensa. Me tumba. Tiemblo mi intemperie en el suelo.

*

Si no es a las dos de la mañana, es a las siete de la noche, con la caída de otro día sin ti, y si no, a las seis de la mañana, con la repetición de otro día sin ti, y si no, a todas esas horas y a otras, sin tregua ni consuelo.

Al alivio se aproxima la certeza de que nos fue posible acompañar tu plenitud y tu deterioro con igualmente afanosa intensidad. Pero el duelo que lleva tu nombre es indómito. Intento

159

agarrarlo por alguna pequeña esquina y explota, enorme, en mis ojos desorbitados.

Observo, al menos, que no se suscita por simple negación, por huir de la certeza de que morirías. Muchísimo menos por desconocer el imperativo de la dignidad y del descanso, que deseé siempre para ti como para todo lo viviendo-muriendo. Sabíamos –y sabemos– que la prueba definitiva del cuido, de la compañía, del amor, es dejar-te ir.

Pero lo que sé, no ha podido nunca –y muchísimo menos en los últimos años de tantas desgracias juntas, irracionales, incomprensibles– contra el dolor de los misterios. Por más que nos conocimos a lo largo de quince años y tantas vueltas, la más enorme lección de sernos mutuamente animales de compañía ha sido para mí la honrosa rendición ante nuestra diferencia.

*

En su *Manifiesto de las especies de compañía*, Donna Haraway señala con razón que, "al contrario que muchas proyecciones peligrosas y poco éticas en el mundo occidental que convierten a los caninos domésticos en niños peludos, los perros no son nosotros mismos. De hecho, ésa es la belleza de los perros. No son una proyección, ni la realización de una intención, ni el *telos* de nada. Son perros; es decir, una especie con una relación obligatoria, constitutiva, histórica y proteica con los seres humanos."[24]

Soy consciente de las complejas investigaciones y debates en curso sobre los procesos co-evolutivos, mutuamente imbricados, de tu y mi especie, y sobre lo que Haraway llama

---

[24] Donna Haraway, *Manifiesto de las especies de compañía: perros, gentes y otredad significativa*. Trad. Isabel Mellén. (Córdoba: Bocavulvaria Ediciones, 2017 [2003]).

las "naturoculturas" de nuestros vínculos a lo largo de miles de años. Muchísimos de tales lazos han sido –y siguen siendo– forzados, criados, afianzados por mi especie para responder a nuestras demandas de "servicio," "trabajo" e incluso, "amor," en su versión apostillada "incondicional," y que Haraway acierta en detestar. Al mismo tiempo, otros de tales vínculos han resultado del empeño de tus ancestros –evidentemente brillantes– en usar a los míos a conveniencia, "domesticándose a sí mismos" por medio de la "selección por amistad."[25]

Mas pese a tanto mutuo contagio, por tantísimo tiempo, y en todo el planeta, nunca dejamos de ser radicalmente distintos. Los férreos defensores de "la natura" entendida como normativa que tiende a un solo camino, a "lo mismo," proponen algo mucho peor que una equivocación; pretenden proteger la vida matándola. Si a algo propende la naturaleza es a la diversificación sin pausa. Aun perros y humanos –quizá las dos especies más contagiadas entre sí en la Tierra– permanecen inexorablemente otros.

Lenguajes otros. Sentidos otros. Amores otros.

*

"El estatus de mascota pone al perro especialmente en riesgo en sociedades como en la que yo vivo –el riesgo de abandono cuando mengua el afecto humano, cuando la conveniencia de la gente toma prioridad o cuando el perro falla en su entrega en la fantasía del amor incondicional," continúa Haraway en el libro ya citado. Nunca, amado perro mío, lo fuiste. Uno, dos, tres, quizá hasta cinco besitos en la punta de la nariz si te insistía mucho, pero no más, ya no más, me decías, alejando con gentileza tu

---

[25] Este artículo de Brian Handwerk en la revista del *Smithsonian* lo resume: https://www.smithsonianmag.com/science-nature/how-wolves-really-became-dogs-180970014/.

hocico de mi inmadura, humana avidez. Tu perenne negativa al falderío, a la zalamería, al lengüeteo, a ser otra cosa que tuyo, fue siempre una llamada de atención, el recordatorio del desapego imprescindible que la vida y la libertad, exigen.

Sí, puedo pensarlo, puedo decirlo, puedo escribirlo, pero, nudo de contradicciones, confieso derrotada que tu pérdida es intolerable. No alcanzo a ver término de caducidad para esta ansia de acariciar tu redondez, que tantos filos me limó, de llenarme de tu olor sereno, de seguir ensanchando contigo, en lenguas sin sonidos, los caminos de la emoción, de convencerme, al coincidir con tu mirada, de que del mundo puede seguir esperándose el bien, pese a todo.

"Dadme esa esponja y tendré el mar" pudo haber sido, Palés, querido, "dadme ese perro y tendré la vida."

otras juegan básket

casa tomada

FATIGA

junio 2022

De niña, los vómitos y la fatiga fueron mis dos grandes afecciones. (Supongo que hay un análisis que hacer sobre la metáfora de tales padecimientos, ambos relacionados con la incapacidad para incorporar a sí lo que del entorno es esencial: alimento y oxígeno. Pero ese asunto, espinosito como está, mejor lo dejo para otro día...) Sentir las arqueadas del primer vómito era el camino a la deshidratación segura y, por tanto, al suero seguro. Una vez comenzada la expulsión, mi cuerpo parecía incapaz de detenerla, aun con la asistencia de los medicamentos provistos por la pediatría. Era una manifestación a chorros del exceso, del drama indigesto desatado a toda velocidad. Así, en aquellos tiempos, cuando ya se asomaba el rossellato, pero la salud aún nos parecía cuestión prioritaria, mi mamá debió llevarme en múltiples ocasiones al Hospital San Carlos en Moca para recibir ágil atención.

A la fatiga, en contraste, se la consideraba el vestíbulo del asma. En cada exhalación, sin proponérmelo, un pitito similar al maullido tímido de un gato bebé se escapa por la boca como evidencia. A veces los demás escuchaban el pitito, pero con mayor frecuencia, era sólo yo quien lo percibía. Vivir fatigada de este modo supone una prolongada, *low-key* sensación de mordaza que anticipa, aunque no llegue nunca a manifestarse del todo, lo peor por venir, el ataque de asma, la asfixia pura y dura. Algo como una muerte de bajo perfil. La contundencia de carecer de oxígeno es absoluta, pero lenta, invisible, casi casi, gentil. Un drama también, por supuesto, pero con el telón abajo. Sin aspaviento, asco ni hedor.

Lo cierto es que mi fatiga varias veces alcanzó a levantar el telón y mostrar la apoteosis del ataque de asma. Entonces, asomada a la convicción de morir ahogada, los ademanes se tornaban violentos, mucho más parecidos al tumulto que produje al ras de la superficie del agua cuando, por esas mismas épocas, estuve a punto de morir en una piscina por abalanzarme a lo hondo sin salvavidas, pese a todas las advertencias.[26] Cuando se está en medio de un ataque de asma, aun con todo el albuterol del mundo, la terapia respiratoria cada dos por tres y los ejercicios de visualización que mami conducía de madrugada con sosegada heroicidad, usando como guía una carpeta de argollas con instrucciones para atender tales casos, una de veras *ve*, puños apretados, boca dilatada, la partida del mundo tras una enorme pantalla empañada.

*

Llevo meses recordando, o más bien, llevan meses asaltándome, estos episodios de roces tempranos con la muerte. Se ha impuesto, sin embargo, la recreación de la pertinaz fatiga de gatito en garganta, ese *white* (nunca mejor dicho) *noise* de una certeza del fin por anticipación y sin reconocimiento general. Hoy, todo esto acaba por asomarse en la escritura. Reclama, gota

---

[26] Por si fuera poco, siendo ya adolescente —me avergüenza reconocerlo— me ahogué por zamparme un generoso buche de malta al tiempo que me atragantaba de arroz con salchichas. La algarada de mi cuerpo en esa ocasión no la recuerdo, pero cuando volví en mí, las amigas con quienes estaba me contaron que caí hacia atrás girando con desesperación los brazos, que me golpeé la parte posterior de la cabeza con el borde de un gabinete, y que caí redonda al suelo, inconsciente, donde efectivamente, desperté unos instantes después.

en piedra, mi atención. Me cuesta ceder, hacerle caso, dejarme convencer por su terquedad. Quizá porque no tiendo a escribir a partir de ejercicios memoriosos, biográficos. He creído siempre en el testimonio, y también en sus límites. Una historia propia no es nunca la historia, y al mismo tiempo, no tenemos por más experiencia material de la historia que la propia. Aspiro a rebasar el yo, y concedo que atrapa. La niña no predice la adulta, mas su ausencia la imposibilita.

Y. Aquí. Estoy. Escribiendo. Sobre. La. Fatiga.

Buscando.

Aire.

*

Hace ya varios años, escucho a gente muy cercana y querida —sobre todo a mujeres— exclamar, a veces derrotadas, rendidas y otras encolerizadas, desesperadas, su cansancio. ¡Cuánto, cuánto cansancio! Se apresuran a explicar que no es un cansancio común y corriente. Que no se va. Que no importa lo que duerman. Que no importa lo que "se relajen." Que no importa lo que "se cuiden." Ahí sigue. En. El. Centro. Del. Pecho.

El otro día, cuando la poeta Vanessa Droz reiteró lo mismo, su radical cansancio, preguntando, una y otra vez, "¿Qué hago con mi cansancio?," en la velada de celebración del más reciente libro de Malena Rodríguez Castro en La Goyco,[27] escuché a gritos en silencio, en el centro de mi pecho, un "¡dáaaaa!," eso que exclamábamos en mi juventud cuando algo resultaba excesivamente evidente. De pronto y de golpe comprendí la inusitada insistencia de mi fatiga infantil en aparecer. Quiere decirme algo sobre la del presente.

---

[27] El texto de su conmovedora presentación se publicó el 24 de mayo de 2022 en *Claridad*: https://claridadpuertorico.com/una-confesion-de-la-devastacion-mis-visceras-en-bandeja-de-plata/.

De adulta, apenas he padecido de asma, ni escuchado el gatito. La fatiga, sin embargo, se ha transformado, expandiéndose, sigilosa, mucho, muchísimo más allá de mi cuerpo, conectándome con tantos otros cuerpos en una agobiante asfixia compartida que se ha vuelto vómito imparable, deshidratación segura, pantalla empañada de zozobra. Esa noche en La Goyco acordamos que nos corresponde organizar el descanso como imperativo político. No sé, no sabemos, cómo, y para ser dolorosamente honesta, no encuentro la carpeta de argollas. Pero sé que esa noche hicimos un llamado: movilizar la renuncia colectiva a tanta fatiga prolongada, cruel en su invisible dominio, sobre todo para los cuerpos que no hacen otra cosa que sostener, cuidar, (re)producir la vida. Clamo, clamamos, por un suero. Ya basta.

LAS AVES DE LOS TORPES, BREVES VUELOS
julio 2022

En las mañanas las veo congregarse: bandadas de palomas sabaneras con la inquietante inocencia de su trúuu-trúuu-trúuu, subiendo y bajando del tendido eléctrico, en baile alado mas no exactamente grácil, y familiones de gallinas con colas de pollitos como la marea, mareando con su coro ca-ca-ca-reado junto al pío-pío-pío en machina, y los gallos con su impertinencia y su chou de mira-lo-que-hace-mi-garganta-a-la-vez-que-bato-estas-alas-que-no-vuelan-mucho-que-digamos.

El encuentro, conjugado, compartido, coreografiado, juntito, pa allá y pa acá, palante y patrás, la altura de los cables y la bajura del cemento, brea y pasto, la negociación con el paso inclemente de los carros, el sol y la sombra, mi interrupción al caminar junto a la escena y la que ocasiono al detenerme a contemplarla, el nervioso contorneo pendular norte-sur de sus cabecitas, lo mismo para andar que para comer que para conversar, es también de mírames-y-no-me-toques. Las gallinas no se meten con las palomas, las palomas no se meten con los gallos, los pollitos tratan de entender con quién sí y con quién no.

Pero a veces, en el jaleo, las aves de los torpes, breves vuelos se rozan. Ssshhhuuu. Apenas audible el toque. Bajito bajito.

La concreción de una convivencia común.

La vecina les lanza maíz en la entrada de su casa. Así las convoca. Aunque no es la fiesta del sorullo, lo cierto es que cada quien lleva lo suyo. Y cualquiera que lo ve, si de veras lo ve, se embelesa.

quiebras adelante

delirio

Adónde la cabeza

agosto 2022

De tan enorme, no alcanzamos a distinguir la circunferencia de la piedra que empujamos. Nuestra condena –pese al fácil eco– no es la de Sísifo y su repetición. No hay llegada, tope, pausa, corte, tenqui, antes de volver a empezar. No.

Para evitar que nos aplaste la piedra, al tiempo que sostenemos un país o, más bien, intentamos hacer otra vida, prolongamos el empuje, maniobra de continuidad, dedos más o menos abiertos, codos más o menos flexionados, torso más o menos erguido, metatarsos mitad en tierra mitad en aire. Así sea arrastrándonos, tan insólito es nuestro testarudo optimismo –la creación que no cesa– como lo es el diseño, desde allá arriba, desde allá lejos, de nuestra extinción.

Hago balances así porque es un gesto sano, me dicen, me insisten, yo digo, yo insisto. Pero escribo esto –¿para qué? ¿por qué?– desvelada, aterrada por El Régimen de La Policía. Javier Antonio Cordero Nevares. Tú. Compañero. Tú.

Tus manos, trémulas, al volante. En un parpadeo, una de ellas se mueve sola, como lo hace la desesperación. Intentando escapar, tira el cambio, la reversa, el ¡sáquenme de aquí! ¿Qué y cómo puede la razón pensar en un momento límite así, acosado por un pelotón en la noche cerrada, biombos, gritos, sirenas, armas, sin salida, sin salida, sin salida? Inmediatamente, ráfagas de fuego. Una ristra interminable. Y tu cuerpo, tu cuerpo terso de juventud, tu cuerpo-promesa que hasta hacía un instante rozaba tantos, tantísimos otros de los nuestros, empujando juntos la piedra, evitando por un pelo el aplaste, diciéndose, entre susurro y sollozo, quizá sea posible una vida aquí, no sé cuál, pero tal vez alguna, atraviesa ahora la confusa transición entre el calor muerte de las quince balas que lo penetran y la caída nunca menos libre. Expirar, yacer en una línea horizontal que no es de mar, sino de sangre. Javier Antonio. Tú. Compañero. Tú. ¿Cómo paga este país la deuda contigo? Porque es contigo nuestra deuda. Contigo.[28]

*

Mientras, en los periódicos comerciales, los escritores nacionales vuelven a encaramarse en sus púlpitos para desollar conejos que a nadie matan, arremetiendo contra nuestras juventudes, contra, precisamente, las de Javier Antonio. Y confieso, no sé a quién, que cuando empecé a escribir esta entrega para el periódico otro en que se publicará, lo hacía –acontecida, mas no de rabia– respecto a otra cosa por completo. Era sobre un árbol en Mayagüez que El Régimen aún no ha derribado. (En este país también vivimos en guerra contra los árboles.) Sobre el hecho de que Myrna Renaud – artista y maestra puertorriqueña de la danza y el movimiento por más de cuatro décadas– llamó "la tierra del árbol" a un triángulo en el pueblo de Mayagüez alrededor del cual zumban y zumban sin prestar atención los carros y los camiones, y donde se yergue un Guanacaste enorme, quizá tanto como la piedra, quizá más, quiero pensar que más, gigantesco en su afirmación de la vida, quietud en movimiento. Sobre cómo gracias a la

---

[28] La organización puertorriqueña *Kilómetro 0*, cuya fundadora y directora ejecutiva es mi compañera y amiga Mari Mari Narváez, ofrece sin cesar respuestas fehacientes a esta pregunta.

inagotable gestión de Zuleira Soto Román y Eury Orsini, artistas de Vueltabajo Teatro, Myrna ha hecho durante varias semanas una residencia artística en Mayagüez. (Sí, declaramos que aquí pueden acontecer tales cosas.) Sobre cómo Myrna condujo, durante tres semanas del tórrido mes de julio, sesiones de QiGong y creación sitio específica, así como de movimiento, conciencia y danza, respectivamente, en la tierra del árbol y en el parque de los árboles –que Zul llamó así, en sustitución "de los próceres," mientras conversaba respecto a la programación de *Teatro pal barrio* con Santa, persona sin hogar que camina y conoce el pueblo mejor que nadie. Sobre cómo fuimos felices improvisando movimiento y sonido en respuesta a los tantos verdes de los árboles. Sobre cómo fuimos raíz y rama y hoja y luz y sombra y corteza y pulpa y anilla y punta. Sobre cómo no hubo jornada en que –pese a tener los "permisos municipales" para usar lo público, el parque– no tuviésemos que empujar la piedra porque el asedio de *trimmers* y *blowers* y gasolina no cejaba en su empeño de que en este país no se pueda ser feliz, vivir en paz, guardar silencio, sonreír con los ojos cerrados, aprender a hacer un buen ejercicio de colocación.

Al parque de los árboles lo surcan garzas, martinetes, reinitas, zorzales, turpiales. Sus nidos y sus graznidos también lo ocupan. En un estanque compartido con peces cuyos nombres desconozco, viven, además, dos tortugas. Mi cabeza atestada divaga en clase (y ahora). Y con ella se me va el cuerpo todo. Lloro más de lo que sudo. Y río, mucho, ampliamente, porque estas sesiones, que cuidan de mí, de nosotres, de nuestros órganos, balance, centro ("todes llevamos el centro en el cuerpo, por lo que siempre podemos volver a él," dice Myrna), me infunden una alegría saltarina. Exaltada, ya sea en la buena o en la mala, me salgo de ritmo. Constantemente. Voy demasiado rápido. O demasiado lento.

"Bea," me dice y me repite Myrna, "¿para dónde va esa cabeza?" Con firme ternura, la agarra por detrás y me la acomoda. "Todo movimiento es legítimo," reitera, "pero no en cualquier contexto." Sé que, en esa premisa, aparentemente simple, y que no acabaré nunca de estudiar, se aloja algo importantísimo sobre la danza, de la que no sé nada, sobre la vida, de la que tampoco.

*

Casi nunca sé adónde va mi cabeza, pero ahora, justo ahora, estoy de suerte. Con galopante certeza, se dirige a un deseo: quiero un país en el que los veranos sean contigo, Javier Antonio, en el que estés vivo para escuchar la sabia premisa de Myrna, venir al parque de los árboles, ver los martinetes y las tortugas, caminar bajo los nidos de las garzas, hacer un hermoso primer paralelo, jugar con nosotras, deslizarte en cuatro patas junto a las raíces del Guanacaste. Y, si te da la gana, ser un conejo retozón. También.

LOS PULGARES DE LA ABUELA

septiembre 2022

Mi abuela cubana aparecía en cualquier lugar llenándolo de colores y aromas. Cosía y cocinaba y cosía y cocinaba. Cuando me quedaba en su alquilada casa de madera rechinosa en la calle De Diego en Mayagüez, abuela me despertaba a las cuatro de la madrugada para que me mudara a su cama —a escasos pies adicionales de distancia que la camita donde dormía yo— porque a esa hora empezaba su producción doméstica, estrepitoso tintineo de ollas y sartenes. Católica fervorosa, me vestía de punta en blanco, almidonada hasta el inmovilismo, con trajes que ella misma me cosía y lazos gigantescos en la cabeza, para caminar, muy temprano en las mañanas, a la catedral.

Creo que se infló para siempre de orgullo cuando me volví capaz de leer tras el ambón. Mi voz, allí, entonces, era legítima. Escuchada. Recibida con la solemnidad del silencio por decenas de personas mayores que yo; la mayoría, desconocidas. Así descubrí el único placer que la catedral pudo darme.

Una de tales mañanas, estando ambas en el mismísimo altar, abuela me sorprendió diciéndome al oído —bajito, muy bajito— que cuando se aburría en la misa, juntaba sus manos y le daba vueltas a los dos pulgares sobre sus propios ejes, así, ¿lo ves?

Lo vi, abuela. Lo vi. ¡Te aburrías en la misa! ¡Y me lo dijiste! Hasta hoy, no he dejado de verlo. De verte.

DÍAS Y DÍAS Y MESES Y MESES Y AÑOS Y AÑOS DESPUÉS, AÚN

septiembre 2022

Innombrable: esta cosa espesa viscosa que se llama furia que se llama zozobra que se llama extenuación que se llama angustia que se llama ahogo que se llama nos quieren ver morir que se llama nos quieren sacar de aquí que se llama no nos dejaremos, canallas malditos.

Innombrable: este dique de llanto prolongado, abierto cerrado chillón callado histórico de hoy.

Innombrable: estos paisajes con olor a gasolina tomados abandonados revolcados anidados desnudos.

Cada vez es menos y menos la arena y el monte, los animales. Menos y menos las yemas que pueden, en carne viva, asirse ¿de qué? Más y más derrumbes, peñones, gravilla, gemidos de duelo, estruendos de motor con los que preservar, siquiera una hora más, lo de la nevera.

Me dice una amiga que en momentos así "se trastoca la forma del tiempo, y podemos usar eso a nuestro favor." Le agradezco la frase "la forma del tiempo." Es bella. Quiere consolarme, mi amiga. Pero a mí un pensamiento atroz me muerde la garganta: la forma del tiempo, ahora, en este ahora que parece un siempre porvenir, es la de la caída.

El agua enlodada se mete por puertas y ventanas y sube sube sube. El asfixie no es metafórico. Se cierran los bronquios. Nos cerca un amasijo de extinciones. Y una cosa es entregarse al destino de muerte propio de la vida, de esa forma del tiempo que, a falta de mejor palabra, llamaríamos "geológica," pero otra muy distinta es ocasionar la muerte a voluntad, escala y velocidad de vertiginoso monumento a la desaparición.

Quisiera un alivio que decir. Un verbo suave como flotar. Una ternura maciza con que detener las escorrentías de ésta, nuestra herida histórica, irresuelta, para tantos y por tanto tiempo, invisible. Una prueba irrefutable contra la apabullante evidencia de esta catástrofe traficada, contratada, negociada, salivada. Una erupción volcánica que asiente montañas como hamacas. Un descanso, por fin.

pese a todo

columpio dos

LAS NOCHES Y LOS DÍAS DEL DIOS FONTANERO
octubre 2022

A Neftalí Luna Alvarado

(con un agradecimiento especial a mi amiga, la escritora

Vanessa Vilches Norat, por regalarme la imagen del "dios fontanero")

Una vez juntas, las aguas no se sueltan. Esto se sabe. Es, incluso, una lindísima idea; excepto cuando a quienes tienen los recursos y el poder para prevenir, mitigar y reducir la magnitud de los daños que las aguas pueden ocasionar, tales acciones no les parecen prioritarias. Excepto cuando se trata de las aguas crisisclimáticas. Excepto cuando los cercos de cemento —o de cualquier materia sólida— las acorralan, obligándolas a subir. Vertiginosamente. Rebasándolo todo. Aun si sus torrentes no se mueven con la incontenible fuerza de un ciclón, de la marejada o de la gravedad, ellas, que caen desde cielos apocalípticos y se abalanzan en escorrentías por cerros y cauces y campos y costas que hemos arrasado, convirtiéndolos en vidrio, se juntan y suben. Como un colosal magma de fróstin, las aguas entran por las orillas y recovecos más insospechados, y se elevan, se elevan, se elevan, quedándose con todo, voluptuosas, victoriosas, invencibles.

Incluso en los casos en los que la circunstancia, el azar o una saludable adrenalina, le permite preservar su vida, un cuerpo humano enfrentado a tamaña evidencia no puede por más

179

que advertir su propia nimiedad. Le recorre un temblor invisible, desesperado. Le sobreviene la certeza de la derrota, de una caída sin escapatoria, de una entrega de todo, de un hasta aquí llegué. Con las aguas se va la vida, todas, las que sean, manifestadas en cada objeto, en el color de la pintura de una casa, en la disposición de un mueble, en el esfuerzo irremisiblemente humano de construirnos algún refugio, de darnos algo de belleza. Es una suerte de muerte. Y es, muchas, demasiadas veces, la muerte-muerte, también.

Algo así es una inundación.

Por eso ahondamos el maltrato de este país al declarar que un temporal que no azota con vientos monstruosos "no es tan malo," y al actuar en función de tal desatino. Por eso el resorte inmediato que levantamos cuando decimos a quien ha atravesado semejante experiencia y sigue con vida, "eso es material, lo importante es estar vivo," es cierto, claro, y también trágicamente falso. Porque la vida misma, su carne y su emoción, su miedo y su pasión, es material. Y es posible, si se tienen los recursos, reponer un techo, un libro, una silla, un florero, por supuesto, pero no aquellos que, por tantas razones, insondables para cualquiera que no sea quien así lo siente, hemos amado.

*

La primera noche del dios fontanero habíamos cumplido tres días y dos noches empujando, recogiendo, baldeando, barriendo, las aguas. Sabíamos que la línea principal de desagüe de la casa tenía que estar obstruida porque las aguas subían en la marquesina, no ya después de un rato de lluvia, sino casi de inmediato. Estábamos rotas. Quebradas. Partidas. Habíamos estado a media pulgada de que el agua enlodada entrara al interior de la casa. No sabremos nunca cómo fuimos capaces de evitarlo, cómo fue que así se nos protegió.

Cuando Neftalí se bajó de su picocita llena de herramientas de la vida entera, habilitada con un escaparate hecho acá para enganchar de todo, que tarda en arrancar, tacatacatacarrrúnnnn, caía la tarde del tercer día. No habíamos visto casi nada que era bueno, y ciertamente no habíamos descansado. De más está decir que carecíamos de electricidad y de agua potable. Más temprano ese día había venido una compañía que cobró por diagnosticar sin resolver nada, y por advertir la posibilidad de hacerlo —sustituyendo el tubo por otro de dos pulgadas menos de diámetro, cosa que nos levantó sospechas de inmediato— dentro de una semana. Neftalí, a cuyo nombre arribamos por referencia de nuestra querida Jocelyn, quien a su vez recibió la referencia de la querida Aury, nos dijo que, teniendo como tenía clientes en turno hasta enero, había venido sólo porque le mencionamos el nombre de Aury, que es como familia suya, de tanto que la quiere. Cuando me contestó el teléfono unas horas antes, su voz fue un porvenir. "Buenas tardes. ¿Hablo con Neftalí?" "Con lo que queda de él." "Ay, ¡qué bueno que queda algo! Mire, usté por favor disculpe que lo moleste en medio de todo esto, pero lo que pasa es que..." "Bueno, mija, ya yo estoy bañao y comío y acostao, pero voy pallá." Y así lo hizo.

Preguntó por los que habían venido antes. Sentenció que "a los trabajos hay que ir con voluntá, y esos no vinieron con voluntá ninguna." "Ustedes no se preocupen, que esto se resuelve porque se resuelve, ¡y no se les inunda más!" Con un generador que trajo en la caja de su picó, operó la máquina de destapar tuberías, que no hizo más que rebotar, encontrando colapsos del tubo aquí y allá. Empezamos a desenterrar un área y luego otra y otra, bajo la luz de las linternas. Hasta que, sin aire, Neftalí, de quien recién descubríamos que tiene más de setenta años y que ha sobrevivido una caída que lo dejó con trece fracturas y un reemplazo total de cadera, así como el cáncer, el asma y una larga vida de trabajo físico duro, inclemente, dijo que era mejor volver al otro día porque aquello iba a ser grande. Lo dijo con la convencida mirada de sus minúsculos ojos fulgurantes tras los espejuelos, con la exhalación cierta de su cuerpo pequeño, enjuto, discreto.

Fue entonces que comenzó la reparación de semana y media que, francamente, sólo pudimos emprender porque teníamos el dinero para hacerlo. Bien sabemos que ese no es el escenario en el que buena parte del país enfrenta sus dolores y sus pérdidas. Comenzó también una larga conversación, salpicada de risas y chispa, con Neftalí, que se apellida Luna, que maldice a LUMA y al penepé, que participó en activas militancias independentistas, que se ha desengañado del PIP, que ha sido *forman* no sé de cuántas urbanizaciones en todo el país, que ha trabajado aquí, allá y más allá, como electricista, plomero, contratista, hacedor y solucionador, que se ha recuperado de afecciones que acaban con cualquiera, que se crio en un junte de "casas de cartón" donde ahora está el Hospital de Veteranos en San Juan, que ha visto este país volcarse al cemento, que se ríe hondo, sonoro, con jejejés continuos, que espepita códigos de grosor del PVC y cálculos de puntos de agrimensura como si tal cosa, que tiene tantos cuentos como talentos, que dice "esta muchacha es la changa," que desde el primer momento supo también (y lo dijo) que es terca (y tiene razón), que escuchó a la muchacha explicarle por teléfono a alguien que le estaba dando fatiga en las noches por el polvorín, las emanaciones de los generadores a vuelta redonda y el cansancio y al día siguiente apareció con una caja de ampolletas de albuterol y una mascarilla nueva para usar la máquina de terapia para el asma, que siembra plátanos en Adjuntas, que contesta los mensajes de la muchacha por *WhatsApp* con emoticones de monitos tapándose los ojos, que toma muchos refrescos, que el café, sin embargo, sólo lo puede tomar bien aguaito, que aún confía, que es un monumento al dar-se.

No detallaré las chapucerías de hace veinte años que ahora pagamos. Sólo diré que hace escasamente unos días —y aún sin electricidad en varias zonas de Cabo Rojo, incluyendo en casa de Neftalí— el proceso acabó con un tubo PVC de seis pulgadas, hecho en Trinidad y Tobago, instalado bajo tierra, junto a un registro a medio camino y una poceta —palabra que aprendí con Neftalí— de cemento al inicio de la tubería, cuya función es recoger todas las corrientes que "mueren" en ese desagüe que da a la calle, ralentizándolas y canalizándolas correctamente. Ahora tenemos también un nuevo gran amigo, Neftalí, el dios fontanero, quien aquel atardecer de otra catástrofe apareció proveniente de un Puerto Rico hondo, aún vivo bajo la erosión y el asedio, materia y espíritu, a la luz de la luna, en medio de las inundaciones. Quiero encontrar descanso en la certeza de que, como las aguas cuando se juntan, Neftalí y nosotras no nos soltaremos.

EDITORA EDUCACIÓN
EMERGENTE

#LiberaTuLectura

Títulos recientes
Editora Educación Emergente

Será otra cosa (2016-2022)
VV.AA.
ISBN: 978-1-7923-9213-9

Lila, cimarrona de les arbumanes
Beatriz Llenín Figueroa
ISBN: 978-1-7923-9217-7

Crudo 69: piezas selectas de un año de escritura salvaje
Kisha Tikina Burgos Sierra
ISBN: 978-1-7923-9212-2

Deudas coloniales: el caso de Puerto Rico
Rocío Zambrana/Traducido por Raquel Salas Rivera
ISBN: 978-1-7923-9211-5

El otro camino: la historia de un pequeño ñu
Ileana Contreras Castro
ISBN: 978-1-7923-9209-2

Los ojos de Juan Pantaleón
Rafael Trelles
ISBN: 978-1-7923-9218-4

Se llamaba doña Margot
César Colón Montijo/Traducido por Nicole Cecilia Delgado
ISBN: 978-1-7923-7595-8

El entierro de Cortijo
Edgardo Rodríguez Juliá
ISBN: 978-1-6150-5489-3

Archivo rural
Vanessa Vilches Norat
ISBN: 978-1-7923-7598-9

Milton Keynes UK
Ingram Content Group UK Ltd.
UKHW050505280324
440101UK00017B/1374